Josef Dirnbeck

Das Buch vom Fasten

Josef Dirnbeck

Das Buch vom Fasten

Wer verzichtet, hat mehr vom Leben

Pattloch

Bibliografische Information Der Deutschen Bibliothek
Die Deutsche Bibliothek verzeichnet diese Publikation in der Deutschen Nationalbibliografie; detaillierte bibliografische Daten sind im Internet über http://dnb.ddb.de abrufbar.

Umschlaggestaltung: ZERO Werbeagentur, München
Satz: Uhl & Massopust, Aalen
Druck und Bindung: Clausen & Bosse, Leck
Printed in Germany

ISBN 3-629-01661-8
www.pattloch.de

Tue immer, was dich dein Herz heißt,
aber gegen die Eingebungen deines Magens
sei vorsichtig!

Julius Langbehn (1851–1907)

Inhaltsverzeichnis

Zweites Kapitel

Davon geht die Welt nicht unter
oder: Warum sollte ich fasten?

Drittes Kapitel

Da staunt der Laie

oder: Warum fasten die anderen?

Viertes Kapitel

Wir wollen niemals auseinander gehn
oder: Wie faste ich richtig?

Erstes Kapitel

Mund zu, Augen auf

oder:

Wer fastet, hat mehr vom Leben

Es gibt keinen verkehrteren Weg zum Glück
als das Leben in Saus und Braus.

Arthur Schopenhauer (1788–1860)

1. Fit statt fett

Moses hat es getan, Jesus hat es getan, Buddha hat es getan. Mohammed und Zarathustra haben es getan. Pythagoras und Hippokrates haben es getan. Hildegard von Bingen und Paracelsus haben es ebenfalls getan. Unzählige große Gestalten und Vorbilder der Menschheit wie Mahatma Gandhi oder Maximilian Kolbe, Elisabeth von Thüringen oder Mutter Teresa haben es immer wieder mit Begeisterung, Liebe und Hingabe getan. Visionäre und Mystiker wie Nikolaus von Flüe, Anna Katharina Emmerick oder Theresia von Konnersreuth haben es angeblich sogar jahre- und jahrzehntelang mit unglaublicher Radikalität getan.

Propheten und Prophetinnen haben gefastet. Mönche und Nonnen, Päpste und Muftis, Rabbiner und Ayatollahs haben gefastet. Millionen von Juden, Christen und Muslimen, Hindus und Buddhisten fasten noch heute nach uraltem Brauch. Der Papst tut es und der Dalai Lama tut es. Die Patriarchen der verschiedenen orthodoxen Kirchen tun es und die obersten Würdenträger der islamischen Glaubensgemeinschaft tun es auch. So gut wie alle Religionen verlangen von ihren Gläubigen, dass sie zu bestimmten Zeiten oder aus bestimmten Anlässen entweder gar keine oder deutlich weniger Nahrung zu sich nehmen oder dass sie auf den Genuss bestimmter Speisen generell verzichten.

Fast alle tun es irgendwann

Fasten ist eine weit verbreitete Erscheinung. Fast alle Menschen machen irgendwann Erfahrungen mit dem Fasten und es gab und gibt ganz unterschiedliche Gründe und Motive, die Menschen veranlassen können, den vom Selbsterhaltungstrieb gesteuerten Drang zur Nahrungsaufnahme zeitweise zu unterbinden oder zumindest zu drosseln.
Die einen tun es der Schönheit zuliebe. Die anderen nehmen es um der Gesundheit willen auf sich. Männer und Frauen, Kinder und Greise, Große und Kleine, Gesunde und Kranke, Stubenhocker und Athleten, Fette und Fitnessbewusste, Manager und Models, Fußballer und Wallfahrer, Zöllner und Pharisäer, Pin-up-Girls, Fernsehstars und nicht zuletzt auch Prinzessinnen und Politiker mühen sich aus diesem oder jenem Grund mit dem Fasten.
Lady Diana konnte ein Lied davon singen. Joschka Fischer versuchte joggend und in Turnschuhen gute Figur zu machen. Auch Helmut Kohl ist es immer wieder gelungen, sich überschüssige Kilos vom Leib zu schaffen. Eine so sensationelle Wirkung wie Ludovico Cornaro (1462–1566) konnten allerdings nur wenige mit ihrem Fasten erzielen.
Freilich ist dieser rekordverdächtige Italiener nicht ganz freiwillig zum Fasten gekommen – und religiöse Motive für eine Reduktion der Nahrungszufuhr hatte er auch keine. Vielmehr konnte sich Cornaro erst aufraffen, dem Fraß und der Völlerei zu entsagen, nachdem ihm seine Ärzte mit entsetzlicher Deut-

lichkeit klar gemacht hatten, dass dies die einzige Möglichkeit wäre, den vorprogrammierten »Selbstmord mit Messer und Gabel« zu stoppen und dem Tod noch rechtzeitig von der Schaufel zu springen.

Wer fastet, hat mehr vom Leben. Dies hat Ludovico Cornaro nicht nur im übertragenen, sondern auch im ganz *wörtlichen* Sinn erfahren. Der gebürtige Venezianer, der die meiste Zeit seines Lebens in Padua lebte, erreichte durch sein Fasten nicht nur eine höhere Lebensqualität, sondern auch eine längere Lebenszeit als normal: Er wurde uralt.

»Über den vielfältigen Nutzen eines enthaltsamen und mäßigen Lebens« heißt das Buch, das er im Alter von 83 Jahren verfasste (vgl. Concilia und Mittel Ludovici Cornari, eines venezianischen Edelmannes, Leipzig 1707). Darin beschreibt Ludovico Cornaro, wie es ihm erging und wie er am eigenen Leib erfahren konnte, dass Fasten nicht etwas Schreckliches ist, das man am besten meiden sollte wie der Teufel das Weihwasser, sondern dass es ganz im Gegenteil höchst segensreich ist, wenn es einem gelingt, den Appetit zu zügeln.

Selbstmord mit Messer und Gabel

»Zwischen meinem 35. und 40. Lebensjahre war ich infolge körperlicher Schwäche und durch Unmäßigkeit beständig krank«, schreibt der Autor in seiner Autobiografie. »Ich wendete die verschiedensten Mittel an, jedoch vergebens. Endlich war ich dem Tode nahe. Da sagten mir die Ärzte, es sei nur noch *ein* Mittel übrig, wenn ich es nur beharrlich und geduldig brauchen wolle, nämlich ein äußerst mäßiges und enthaltsames Leben.«

Cornaro befolgte den Rat. Ab sofort nahm er nur noch die einfachsten Speisen zu sich, und zwar »täglich bloß 12 Unzen« – das heißt eine Menge von rund 400 Gramm. Niemals stand er satt vom Tisch auf. Schon nach einigen Monaten fühlte er sich viel kräftiger, bald war er völlig gesund – ja, er fühlte sich gesünder denn je. Und dann machte der radikal abgespeckte und völlig entschlackte Vierziger etwas höchst Vernünftiges. Er vermied es, zu seinen früheren Ernährungsgewohnheiten zurückzukehren, also jenen klassischen Fehler zu machen, mit dem schon manche Zeitgenossen die Früchte ihrer wochen- und monatelangen Fastenanstrengungen zunichte gemacht haben, um dann frustriert zu vermelden: »Ich kann tun, was ich will, aber man sieht es ja: Bei mir nützt keine Diät!«

Nein, Ludovico Cornaro blieb dabei: Auch als er schon wieder gesund war, ernährte er sich weiterhin so, wie er es getan hatte, um gesund zu *werden*. »Dadurch wurde meine Gesundheit unverwüstlich«, behauptet er in seiner Autobiografie.

Skeptiker könnten fragen, ob dies wirklich der Grund war, dass er so alt wurde und dabei stets gesund und leistungsfähig blieb. Vielleicht hätte der gute Mann, der durch eine rigorose Reduktionskost gesund geworden war, auch dann ein hohes Alter erreicht und sich einer robusten Gesundheit erfreut, wenn er nach seiner Genesung – statt mit seiner radikalen »Friss-die-Hälfte«-Rosskur weiterzumachen – zu einer *normalen* Art gesunder Ernährung übergewechselt hätte. Hätte Herr Cornaro nicht genauso gut und genauso gesund gelebt, wenn er sich nicht mit diesem extremen Sparprogramm begnügt hätte, sondern ein paar Unzen mehr von einer ausgeglichenen, mit den nötigen Vitaminen und Spurenelementen angereicherten Mischkost zu sich genommen hätte mit einem ausgewogenen Verhältnis von Eiweißen, Kohlehydraten und Fetten und mit einer Kalorien-

menge, die dem täglichen Energieumsatz des Körpers entspricht?
So *könnten* Skeptiker nicht nur fragen – so haben skeptische Zeitgenossen zu Cornaros Lebzeiten tatsächlich gefragt. Sogar die Ärzte des konsequenten Abstinenzlers waren sich nicht sicher, ob diese vermeintlich gesunde Lebensweise ihres ehemaligen Patienten wirklich so gesund war, wie dieser glaubte. Allerdings hatte der fröhlich drauflosfastende Don Ludovico – ein athletischer Greis, der in jüngeren Jahren ein Fettwanst von wahrhaft Falstaff'schen Ausmaßen gewesen war, ehe ihm das Fasten in der zweiten Lebenshälfte von einer lieben Gewohnheit zur zweiten Natur wurde – für all diese Skeptiker eine ebenso klare wie verblüffende und absolut entwaffnende Antwort.
Ludovico Cornaro war nämlich in der Lage, den sozusagen experimentell abgesicherten Nachweis zu erbringen, dass seine Entscheidung, Schmalhans zum Küchenmeister zu machen, die einzig sinnvolle und richtige war. »Als ich jedoch 78 Jahre alt war«, berichtet er in seiner Autobiografie, »entschloss ich mich auf den Rat der Ärzte und auf das Drängen meiner Freunde hin, *mehr* Nahrung zu mir zu nehmen. Die Folge war, dass ich sterbenskrank wurde. Daher kehrte ich zu meiner früheren Lebensweise zurück.«

Hoch zu Ross und gut bei Stimme

Kein Zweifel, für Ludovico Cornaro war die von ihm gewählte Lebensweise genau die richtige. Mit 83 Jahren – also damals, als er seine Aufzeichnungen zu Papier brachte – war der Zeitgenosse von Michelangelo und Machiavelli immer noch ein vorzüglicher Reiter. Schon allein das wäre ein bewundernswertes Zeugnis für vorhandene Fitness gewesen, dass man den rüstigen

Alten nicht mühsam auf zwei Krücken gehen, sondern hoch zu Ross sitzen sehen konnte. Aber Cornaro war nicht nur imstande, dem Pferd die Sporen zu geben, vielmehr war er laut eigener Aussage »immer noch so flink, um vom Erdboden ganz leicht auf ein Pferd springen zu können«.

Auch was den Belcanto betraf, hatte der lebenslustige Venezianer keinen Anlass, sich als Pensionist zu fühlen. In einem Alter, in welchem selbst die robustesten Opernsänger nicht mehr auf dem Podium stehen, sondern nur noch auf Schallplatte und CD zu hören sind, begann Cornaro erst richtig draufloszuschmettern. Er singe gern mit seinen Enkeln, sagte er, da er »jetzt eine hellere und lautere Stimme« habe als die Jungen.

Das Fazit, das der überaus genügsam lebende Renaissance-Mensch aus seinen Erfahrungen zog, ist vor allem für Seniorinnen und Senioren und für solche, die es werden wollen, höchst erfreulich: »Die Mäßigkeit macht die Stimme hell, den Körper flink, den Verstand lebhaft, das Gemüt munter, das Gedächtnis treu.«

Auch nachdem er 90 geworden war, konnte Cornaro beim besten Willen nicht von sich sagen: »Und von nun an ging's bergab ...« – im Gegenteil! Er wunderte sich zwar selber, dass es so war, aber es *war* so, wie er es in einem Brief an den Patriarchen von Aquileia formulierte, dem er in seinem 91. Lebensjahr mitteilen konnte: »Meine Kräfte scheinen noch zuzunehmen, je älter ich werde. Ich schreibe täglich sieben oder acht Stunden.« Vier Jahre später, ein paar Monate vor seinem 96. Geburtstag, notierte der Alte: »Ich bin noch frisch und gesund und fröhlich und so vergnügt, als ob ich nur 25 Jahre alt wäre.«

Der Mann, dem die konsequente Überernährung in seinen jungen Jahren die größten gesundheitlichen Probleme beschert hatte, wurde 104 Jahre alt. Im Jahr 1566 starb er, und zwar »ruhig in seinem Lehnstuhl«, wie seine Angehörigen berichteten, »nachdem er die heiligen Sakramente empfangen und alle seine Angelegenheiten sorgfältig geordnet hatte«.

Die Antwort des Hippokrates

Natürlich ist eine Rekordleistung wie die von Ludovico Cornaro erstaunlich und bewundernswert, aber es ist gewiss nicht jedermanns Sache, so zu leben. Rechtzeitig bekehrte Übergewichtige, die aufgrund ihrer konsequent umgestellten Ernährung ein hohes Alter erreichen und dabei wahre Energiebündel bleiben, die bis zuletzt vor lauter Vitalität sprühen, dürften eher die Ausnahme als die Regel sein. Der normalsterblich Fastende wird schon froh und glücklich sein können, wenn er auf seine alten Tage zumindest ein insofern lebenswert zu nennendes Leben führen kann, als er einigermaßen gesund und leistungsfähig geblieben ist, ohne größere Beschwerden über die Runden kommt und mit den sich unvermeidlicherweise einstellenden Schwächen und Einschränkungen gut leben kann.

Dennoch gibt es keinen Zweifel daran, dass es richtig ist, wenn gesagt wird, dass einer, der fastet, »mehr vom Leben« hat. Wer mit dem Fasten ernst macht und dann nach einiger Zeit in der Lage ist, die Früchte seines Fastens zu ernten, kann sein Leben nicht nur besser genießen und ernährungsbedingte Krankheiten und Schädigungen vermeiden, sondern er wird auch – wenn ihm nicht gerade der sprichwörtliche Ziegelstein auf den Kopf fällt und er nicht das Pech hat, dass ihm eine Pestepidemie oder der Krieg vorzeitig den Garaus macht – mit einer größeren Lebenserwartung belohnt. Diese Erfahrung war auch schon zu Ludovico Cornaros Zeiten nichts Neues unter der Sonne.

Bereits Hippokrates (um 440 v. Chr.), dessen Namen heute noch jeder kennt, weil der »Hippokratische Eid« der Ärzte nach ihm benannt ist, wusste aus eigener Erfahrung, dass sich Maßhalten höchst vorteilhaft auswirkt. Dieser wohl berühmteste Mediziner der griechischen Antike, der als Begründer der wissenschaftlichen Heilkunst gilt, erreichte ebenfalls ein hohes Alter. Von ihm wird erzählt, dass er auf die Frage, worauf er es denn zurückführe, so alt geworden zu sein, immer zu antworten pflegte: »Ich bin niemals satt vom Tisch aufgestanden. Ich hätte immer noch mehr essen können. Dem schreibe ich mein hohes Alter zu.«

2. Völlerei hat Folgen

Die segensreichen Wirkungen einer mäßigen Lebensweise predigen nicht nur Mediziner, sondern – wen wollte es wundern – auch Prediger. Einer der eloquentesten Kanzelredner der Kirchengeschichte – der im 4. Jahrhundert lebende Bischof Johannes Chrysostomus (344–407) – hat in seinen Predigten immer wieder auch gesundheitliche Probleme und Fragen der richtigen Ernährung behandelt.

Sie nannten ihn »Goldmund«

Seinen Beinamen »Chrysostomus« – was so viel bedeutet wie »Goldmund« – hat er gewiss nicht von ungefähr bekommen, denn seine lebendige, zu Herzen gehende Sprache wurde nicht nur von seinen Zeitgenossen geschätzt, sondern vermag auch Menschen von heute noch unmittelbar anzusprechen.

Der aus Alexandrien stammende Bischof war schon vor seiner Zeit als Patriarch von Konstantinopel ein berühmter und hoch geschätzter Prediger, zu dessen Vorträgen Zuhörer und Zuhörerinnen aus nah und fern strömten – und man wird sicherlich nicht ganz fehlgehen, wenn man in ihm gleichsam einen Drewermann der Spätantike sieht; nicht zuletzt auch deswegen, weil Johannes Chrysostomus mit seinen Predigten aneckte und bei höchster Stelle in Ungnade fiel.

In seinem Fall war es die Kaiserin Eudoxia, die über die unerschrockenen Mahnpredigten des Patriarchen alles andere als amüsiert war, so dass man in mehreren Anläufen versuchte, ihn abzusetzen, was zu erbitterten Auseinandersetzungen zwischen Gegnern und Anhängern dieses Kirchenmannes führte. Zuletzt gelang es aber doch noch, den »Goldmund« zum Schweigen zu bringen, und der Patriarch von Konstantinopel wurde in die Verbannung geschickt.

Immer wieder hat Johannes Chrysostomus in seinen Predigten gegen den »Götzendienst des Bauches« gewettert. »Den Bauch hast du bekommen, dass du ihn nährest, nicht dass du ihn zum Platzen überfüllest«, rief er eines schönen Tages den zum Gottesdienst versammelten Gläubigen zu. Seiner Predigt hatte er das berühmte Wort des Apostels Paulus zugrunde gelegt: »Ihr Gott ist der Bauch; ihr Ruhm besteht in ihrer Schande« (Phil 3,19).

Überflüssig zu erwähnen, dass mit »Bauch« natürlich nicht der *Wohlstands*bauch gemeint ist, also die ausgewölbt sichtbaren Wülste überschüssiger Fettansammlungen im Körper, sondern dass der Prediger diesen Ausdruck als Umschreibung für den Magen bzw. überhaupt für das gesamte Verdauungssystem gebrauchte.

Der Bauch ist für den Menschen da

»Den Bauch hast du bekommen, dass du ihn beherrschest, nicht dass du einen Tyrannen an ihm habest. Du hast ihn bekommen, dass er dir zur Ernährung der übrigen Glieder diene, nicht dass du ihm dienstbar werdest und die Schranken überschreitest.«

Das Erstaunliche ist, dass in dieser Brandrede wider die, die vor dem Bauch auf dem Bauch liegen, nicht moralisiert wird; jedenfalls nicht in jenem plumpen und penetranten Predigerton, den wir nur allzu gut kennen. Selbstverständlich hat Johannes Chrysostomus eine ganz klare religiöse Botschaft und vertritt auch eine ganz klare Moral. Aber er moralisiert auf einer anderen Ebene, als man erwarten würde. Der Prediger führt seinen Zuhörern schlicht und einfach vor Augen, was für Konsequenzen es hat, wenn Essen und Trinken zum Mittelpunkt der Lebensinteressen gemacht werden. Der Bauch – will er seinen Zuhörern sagen – ist nicht Gott, sondern er ist eine *Gabe* Gottes, mit der der Mensch etwas Richtiges anfangen soll. Oder, wie man – frei nach Jesus von Nazareth, aber ganz in seinem Sinne – auch sagen könnte: Der Bauch ist für den Menschen da, nicht der Mensch für den Bauch.

»Wenn das Meer aus seinen Schranken tritt, dann richtet es bei weitem kein so großes Unheil an, wie der Bauch bei uns an Seele und Leib anrichtet. Jenes überschwemmt das ganze Land, dieser schädigt den ganzen Leib. Setze dem Bauch eine Schranke in der Genügsamkeit, so, wie Gott dem Meer den Ufersand als Schranke gesetzt hat; und wenn er sich stürmisch und wild gebärdet, so weise ihn zurecht durch die dir innewohnende Macht! Sieh, wie Gott dich durch die Vernunft ausgezeichnet hat, auf dass du ihn nachahmest! Du willst dich aber nicht dazu verstehen, sondern du siehst es mit an, wie der Bauch alle Grenzen überschreitet und deine ganze Natur zugrunde richtet und in einen Sumpf verwandelt; und du gewinnst es nicht über dich, ihm Halt zu gebieten und ihn zur Ordnung zu bringen!«

Schließlich und endlich kommt Johannes Chrysostomus wieder auf die Bibelstelle zu sprechen, von der seine Predigt ihren Ausgang genommen hat.

»Ihr Gott ist der Bauch, heißt es. Sehen wir uns an, wie Paulus Gott gedient hat, und sehen wir uns auf der anderen Seite an, wie die Schlemmer dem Bauch dienen! Erleiden sie nicht tausendfach seinen Tod? Fürchten sie sich nicht, den Befehlen des Bauches ungehorsam zu sein? Leisten sie ihm nicht sogar unmögliche Dienste? Sind sie nicht schlimmer dran als Sklaven?«

Ein anderes Mal äußerte sich der prominente Patriarch von Konstantinopel zum Thema »Verweichlichung«. Diese Predigt ist schon deswegen bemerkenswert, weil der Mann mit dem goldenen Mund darin unter anderem sagt, dass die Frauen vom Land – einfach auf Grund ihrer gesundheitsförderlichen Lebensweise und Ernährung – jederzeit imstande sind, die Männer aus der Stadt k.o. zu schlagen.

Die einen sitzen, die andern schwitzen

Man reibt sich die Augen, wenn man bedenkt, dass eine Predigt mit solchem Inhalt schon 1600 Jahre alt ist. Offensichtlich gab es bereits zu Johannes Chrysostomus' Zeiten jenes typische Problem, auf das die »Deutsche Gesellschaft für Ernährung« in einer ihrer Aufklärungsschriften mit dem Titel »Der Mensch ist, was er isst« zu sprechen kam:

»Wenn sich die Ernährung und die Bewegungsmöglichkeiten gegensinnig entwickeln, klafft zwischen der Energiezufuhr mit der Nahrung und dem Energiebedarf durch die körperliche Bewegung in Beruf und Freizeit eine sich noch immer weiter öffnende Lücke, die zwangsläufig die vermehrte Fettbildung und den vermehrten Fettansatz zur Folge hat. In mancher Familie wird noch wie zu Großmutters Zeiten gegessen, obwohl alle Familienmitglieder weit von der körperlichen Beanspruchung der Großeltern entfernt sind. Und nicht selten wird *noch mehr* gegessen. Neue Lebensmittel mit hoher Energiedichte, fette Käse- und Wurstsorten, Süßigkeiten, Pommes frites und Getränke sind in Keller, Kühlschrank, Automat oder im Kiosk nebenan überall und jederzeit verfügbar. Die Versuchung ist groß, auch dann noch zu essen, wenn man eigentlich bereits satt ist: Die Kinder sollen die Teller leer essen, damit es gutes Wetter gibt, die Hausfrau möchte nichts verderben lassen und verteilt die Reste auf die Teller, der Gastgeber drängt, nochmals zuzugreifen, und selbst das Sitzen vor dem Fernsehgerät wird durch Essen und Trinken versüßt.«

Die Möglichkeiten, Energie abzugeben und überschüssige Kalorien zu verbrennen, heißt es im erwähnten Ratgeber weiter, »werden immer geringer. Sie beschränken sich bei den meisten Menschen auf wenige Schritte zwischen den verschiedensten Sitzmöglichkeiten: vom Frühstückstisch zum Auto, vom Auto zum Fahrstuhl, vom Fahrstuhl zum Bürostuhl, von dort zum Mittagstisch und wieder zurück zum Bürosessel, vom Sessel zum Auto, vom Auto zum Abendbrottisch und von dort schließlich zum Lehnstuhl vor dem Fernseher ...«

Diese schädliche sitzende Lebensweise, die uns als eine typisch moderne Errungenschaft vorkommt, gab es auch bei den Stadtbewohnern im damaligen Konstantinopel des 4. Jahrhunderts. Den Menschen, die in ihren Bazars und in den Schreibstuben saßen, fehlte einfach der »Ausgleichssport«, den die Landarbeiter hatten, die Tag für Tag auf den Feldern und in den Obstgärten oder im Bereich der Viehzucht hart arbeiten mussten. Aber so ist es nun einmal auf der Welt: Die einen sitzen, die andern schwitzen.

Powerfrauen können Männer hauen

»Nimmst du aus einem Baumgarten in der Wüste, wo die dort stehenden Bäume von den Winden gepeitscht werden, ein junges Stämmchen und setzt es an einen nassfetten und schattigen Ort, so wirst du finden, dass es weit hinter jenen zurückbleibt, von denen du es zuvor weggenommen hast«, sagt Johannes Chrysostomus, der in seinen Predigten immer wieder anschauliche Beispiele aus dem Leben wählte, so dass seine Schriften nebenbei auch eine wahre Fundgrube an kulturgeschichtlichen Informationen sind.

»Dass dies so ist«, fährt er fort, »erhellt daraus, dass die Frauen, die auf dem Lande erzogen werden, stärker sind als die Männer in den Städten. Jene brächten es fertig, viele solcher Städter auf den Boden zu werfen.«

Auch die verweichlichten Städterinnen bekommen ihr Fett ab. »Wenn der Körper geschwächt ist, hat die Seele von ihm viele Nachteile und schlimmen Zwang zu erdulden. Deshalb bitte ich euch: Wollen wir den Körper abhärten und ihn nicht kränklich machen! Nicht für die Männer allein sage ich das, sondern auch für die Frauen. Denn warum, Frau, arbeitest du durch Üppigkeit unausgesetzt an der Auflösung des Körpers und machst, dass seine Kraft verkümmert? Warum verdirbst du seine Kraft durch Fett? Das Fett macht den Körper schwammig, nicht stark. Stehst du aber davon ab und wählst du ein anderes Verhalten, so wird sich die Schönheit des Körpers entwickeln, weil sich Wohlbefinden und Stärke einstellen. Wenn du ihn aber mit unzähligen Krankheiten bedrängst, wirst du weder eine frische Hautfarbe bekommen noch dich wohl befinden, denn du wirst immer trübsinnig sein.«

Naschkatzen bekommen ihr Fett ab

Man merkt, dass der Herr Patriarch ganz genau weiß, wovon er redet. Denn so detailliert, wie er es tut, müsste er die Folgen eklatanter Fehlernährung gar nicht beschreiben – falls es ihm lediglich darauf ankäme, die spirituellen Aspekte des Problems zu unterstreichen. Ihm ist aber auch die körperliche Gesundheit ein Anliegen, das heißt, Johannes Chrysostomus hat eine *ganzheitliche* Sicht und redet nicht nur als Prediger, sondern auch als Therapeut.

»Ihr wisst: So, wie ein schönes Haus, das die Luft mild anweht, hell erglänzt, genauso wirkt die Heiterkeit der Seele auf ein schönes Antlitz. Ist diese aber niedergeschlagen und traurig, so wird es hässlicher. Den Trübsinn bewirken Krankheiten und Schmerzen, die Krankheiten aber entstammen der durch große Schlemmerei hervorgerufenen Weichlichkeit des Körpers. Deshalb flieht schon mit Rücksicht darauf das Wohlleben, wenn ihr mir Glauben schenkt!«

Es mutet fast wie eine moderne Dialogpredigt an, wenn sich Johannes Chrysostomus an dieser Stelle selber einen Einwand macht. Freilich tut er dies nur, damit er umso effektvoller Kontra geben kann.

»Aber das Wohlleben bereitet Vergnügen, werdet ihr sagen! – Ja, aber es bereitet bei weitem nicht so viele Freuden, wie es Beschwerden beschert! Übrigens reicht das Vergnügen nur bis zum Gaumen, nur bis zur Zunge. Sobald der Tisch abserviert ist oder die Speise verschluckt ist, bist du dem ähnlich, der nicht mit an der Tafel gegessen hat, oder vielmehr bist du noch schlimmer dran, denn du verspürst Druck, fühlst dich abgespannt, der Kopf tut dir weh, bleierne Müdigkeit überkommt dich oder aber es plagt dich Schlaflosigkeit, die vom überfüllten Magen, vom träg gewordenen Geist oder vom Erbrechen herrührt …«

Wiederum gelingen dem sprichwörtlichen »Goldmund« wahrhaft goldene Worte, wenn er beschreibt, was sicher schon jeder erlebt hat – zumindest jeder, der schon so weit gegangen ist, eine Abmagerungskur zu beginnen, und der dabei mit dem inneren Schweinehund zu ringen hatte: »Tausendmal hast du schon deinen Bauch verflucht, während du deine Unmäßigkeit hättest verwünschen sollen!«

Immer wieder ist Johannes Chrysostomus in seinen Predigten auf die verheerenden Folgen verkehrter Ernährung zu sprechen gekommen – oft genug auch mit durchaus nicht zimperlichen Worten, die – wie man nicht vergessen darf – in einem nach Weihrauch duftenden byzantinischen Gotteshaus gesprochen wurden.

Weihrauchduft und Kloakenluft

»Je mehr wir schlemmen, desto mehr füllen wir uns mit Gestank an und der Körper rinnt auf allen Seiten wie ein alter Schlauch. Da übergibt sich einer so, dass selbst andere Leute davon Kopfweh bekommen. Stinkende Dünste dringen allenthalben aus dem Körper wie aus einem Ofen, der warme Fäulnisdämpfe ausstößt. Wenn aber schon andere Leute so belästigt werden: Was muss das Gehirn des Unmäßigen selber leiden, an das diese Dämpfe fortwährend hinbranden! Was die Adern, in denen das siedende Blut wallt! Was Leber und Milz, die Behälter des Blutes! Was der Kanal des Kotes selber! Für die Kanäle unserer Kloaken im Hause tragen wir fleißig Sorge, dass sie sich nicht verstopfen und den Kot nicht aufwärts treiben. Wir stoßen mit Stangen hinein und putzen sie durch, doch den Kanal in unserem Körper reinigen wir nicht, sondern wir füllen und verstopfen ihn. Wer Unmengen von Speisen in den Magen hineinstopft, macht es genauso wie einer, der sie nimmt und in eine Kloake wirft. Oder besser gesagt, er tut etwas viel Schlimmeres. Denn der Erstere misshandelt nur die Kloake, ohne sich selber ein Leid zuzufügen, jener aber beschert sich damit unzählige Beschwerden. Der Ernährung förderlich ist nur, was der Genügsamkeit entspricht; nur das, was auch verdaut werden kann. Was über das Bedürfnis hinaus zu sich genommen wird, ernährt den Menschen nicht, sondern verursacht ihm sogar noch Schaden.«

Man merkt diesen Worten an, dass sie ganz bestimmt nicht in einem von Dürrekatastrophen heimgesuchten Land der Dritten Welt gesprochen wurden, sondern dass der damalige Patriarch von Konstantinopel in einer Gesellschaft predigte, die eher von zu viel Wohlstand »heimgesucht« war.

Üppigkeit wird übel enden

Dort, wo nichts ist, hat bekanntlich der Kaiser das Recht verloren; aber dort, wo Überfluss herrscht und wo es ein Überangebot an leckeren Speisen gibt, taucht das Problem der Überernährung auf, die eben deswegen zum Problem wird, weil sie Folgen hat, die von denen, die der Völlerei frönen, meist nicht bedacht werden.

»Das üppige Leben«, findet Johannes Chrysostomus, »macht frühzeitig alt, stumpft das Gefühl ab, verfinstert den Geist, lähmt selbst einen scharfblickenden Verstand, macht den Körper schlaff, verursacht zu häufigen Stuhlgang, bringt eine Menge Übel zugleich mit sich, erhöht über Gebühr das Gewicht und macht die Last, die man zu tragen hat, zu groß. Darum gibt es zahlreiche Zusammenbrüche und viele erleiden Schiffbruch. Darum muss man sich wohl am allermeisten über die Dummheit solcher Leute wundern, die sich selbst nicht einmal so schonend behandeln wollen wie andere ihre Weinschläuche. Die Weinhändler füllen ihre Schläuche auch nicht im Übermaß an, sonst würden sie zerreißen. Aber die, die der Völlerei ergeben sind, gehen mit ihrem armen Magen weit weniger rücksichtsvoll um. Wenn sie ihn bis zum Platzen angefüllt haben, dann gießen sie noch nach, bis sie ganz und gar voll sind, als ob der Mensch nur deswegen eine Kehle erhalten hätte, damit er sie bis an den Mund mit Wein und stinkendem Fusel anfüllen kann!«

Gesundheitstipps von der Kanzel

Offensichtlich war es Johannes Chrysostomus ein Anliegen, solche Dinge zu sagen, und offensichtlich gab es auch seitens der Zuhörer ein Bedürfnis, solche Dinge gesagt zu bekommen. Aber der bischöfliche Prediger wetterte nicht nur gegen falsche Verhaltensweisen, sondern er sagte auch, wie man's richtig macht. Die Empfehlungen für eine vernünftige und gesunde Ernährung, die Johannes Chrysostomus seinen Zuhörern auf den weiteren Lebensweg mitgab, könnten genauso gut und genau *so* auch in einem guten modernen Ratgeber für gesunde Ernährung stehen.

»Willst du den Körper nähren, so entziehe ihm, was zu viel ist, und gib ihm nur, was zureicht und verdaut werden kann. Beschwere ihn nicht, um ihn nicht zu verderben. Die zureichende Speise nährt und erfreut. Nichts vergnügt so, nichts macht so gesund, nichts schärft so die Sinneswerkzeuge, nichts hält so die Krankheiten fern wie die gut verdaute Speise. So spendet also die zureichende Speise Nahrung, Vergnügen und Gesundheit, die übermäßige aber schafft Verderben, Widrigkeit und Krankheit.«

Seelsorger, die sich nicht nur um die Belange der Seele kümmern, sondern denen auch die Sorge um den Leib ein Anliegen ist, hat es immer gegeben und es gibt sie auch heute noch. Der durch seine Bücher, durch unzählige Vorträge und vor allem durch seine Kolumne in der auflagenstärksten österreichischen Tageszeitung als »Kräuterpfarrer« bekannt gewordene Prämonstratensermönch Hermann-Josef Weidinger von Stift Geras im niederösterreichischen Waldviertel ist ebenso ein Vertreter dieser Spezies wie der Wörishofener Pfarrer Sebastian Kneipp (1821–1897) im 19. Jahrhundert.

Die Ratschläge für eine gesunde Ernährung, die der Erfinder der »Wasserkur« zu geben wusste, waren – wie er selber betonte – »nicht Pilze, die über Nacht im Gehirne aufschossen«, sondern die Frucht seiner langjährigen Erfahrung.

In der Einleitung zu seinem in unzähligen Auflagen verbreiteten Buch mit dem schönen Titel von schier barocker Länge »Meine Wasserkur, durch mehr als 35 Jahre erprobt und geschrieben zur Heilung der Krankheiten und Erhaltung der Gesundheit von Msgr. Sebastian Kneipp, päpstlicher Geheimkämmerer, Pfarrer in Wörishofen« (Verlag der Josef Kösel'schen Buchhandlung, Kempten 1896) kommt Kneipp neben der Wichtigkeit der

Abhärtung des Körpers durch verschiedene Wasseranwendungen auch auf die Bedeutung von »Ernährung, Kleidung und Lüftung« zu sprechen.
Über die Ernährung sagt er: »Es soll nur angedeutet werden, wie bezüglich der Ernährung bei mir die Hauptregel lautet: Trockene, einfache, kräftige, nicht verkünstelte und durch scharfe Gewürze verdorbene Hausmannskost und das unverfälschte Getränk, das in jedem Quell der liebe Herrgott spendet. Beides genügsam gebraucht, ist dem Menschenkörper am besten und förderlichsten.«
Wasser predigen und Wein trinken war des Wörishofener Pfarrers Sache freilich nicht, aber er hat in diesem Punkt ganz genau differenziert. Selbstverständlich hat ein Mann wie Kneipp das Wassertrinken wärmstens *empfohlen*, aber den Alkohol hat er keineswegs einfach verboten. Der Heiler im Priesterrock war überhaupt nicht für eine strenge, mit unerbittlichem Fanatismus einzuhaltende Diät, sondern ihm ging es immer darum zu sehen, was im konkreten Fall vernünftigerweise erforderlich ist. Darum konnte er sagen: »Ich bin nicht Puritaner und gestatte gern ein Glas Wein oder Bier, lege demselben aber durchaus nicht die allgemein beliebte Bedeutung bei. Vom medizinischen Standpunkt aus – nach Krankheiten zum Beispiel – mögen diese Getränke zuweilen eine Rolle spielen; in gesundem Zustande indessen lege ich dem Obste größere Bedeutung bei.«

3. Vorsicht vor Scharlatanen

Ein »hoch erleuchteter, gottesfürchtiger Mensch« sei es gewesen, der den Wein einen »Heiltrank für treue, strebsame Seelen« nannte, »weil der Wein, alle niederen Sorgen brechend, solche Seelen aus der weltlichen Rumpelkammer von Rücksichten und lässiger Gleichgültigkeit freudig zu Gott emporhebt«, schrieb der Dichter Joseph von Eichendorff (1788–1857) in seinen Lebenserinnerungen.

Wasser empfehlen, aber Wein nicht verbieten – und nicht verkennen, dass Wein in gewissen Mengen auch etwas sehr Nützliches und Heilsames für den Körper und die Seele sein kann. Das ist gewiss ein vernünftiger Standpunkt.

Wie sagte doch der berühmte Arzt Philippus Aureolus Theophrastus Bombastus von Hohenheim (1493–1541) – besser bekannt unter dem Namen Paracelsus – so treffend? »Allein die Dosis macht es, dass ein Ding kein Gift sei.«

Die den Alkohol verdammen

Antialkoholiker, denen nicht nur die Trunksucht und der Exzess, sondern schlicht und einfach jeder Tropfen und jedes Tröpfelchen Alkohol ein Gräuel ist, haben in der Bibel keine gefügige Sekundantin. Weder im Alten noch im Neuen Testament wird der Genuss von Getränken, die jenen geheimnisvollen flüssigen Stoff enthalten, den die Chemiker C_2H_5OH nennen, schlichtweg verdammt. Im Gegenteil, der Wein gilt als ein Festgetränk, der das Herz des Menschen erfreut (vgl. Ps 104,15), und wenn erzählt wird, dass Jesus bei einer Hochzeit in einem galiläischen Dorf namens Kana Wasser in Wein verwandelt (Joh

2,1–12), dann stürzt nicht der Himmel ein, sondern dann ist dies als Zeichen für das nahe herangekommene Reich Gottes zu betrachten.

Wiederum ist es der Ton, der die Musik macht – soll heißen: die Dosis, die darüber entscheidet, ob etwas zum Guten oder zum Bösen gereicht. Der Apostelschüler Timotheus zum Beispiel erhält in dem an ihn adressierten Schreiben nicht den Rat: »Trink keinen Wein, denn als frommer Mensch tut man so etwas nicht!« Vielmehr wird ihm ausdrücklich gesagt: »Trink nicht nur Wasser, sondern nimm auch etwas Wein, mit Rücksicht auf deinen Magen und deine häufigen Krankheiten!« (1 Tim 5,23). Es dürfte überhaupt eines der entscheidendsten Kriterien für die Qualität von Ernährungstipps und Fastenempfehlungen sein, dass sie den Menschen nicht bevormunden, sondern ihn in seiner Freiheit ernst nehmen; ihn nicht vergewaltigen und manipulieren, sondern ihm eine Perspektive zeigen, wie er selber den für ihn richtigen Weg finden kann. Ja, man wird sogar sagen können: Je rigoroser und fanatischer ein Fastenprogramm daherkommt, je kleinlicher und erbsenzählerischer die Vorschriften sind, die dem Diätwilligen gemacht werden, umso größer ist der Verdacht, dass es sich um Scharlatanerie handeln könnte.

Natürlich wäre es genauso Scharlatanerie, ins andere Extrem zu verfallen. Wer eine Fastenkur für seriös hält, die ihm verheißt, er brauche sich an keinerlei lästige Vorschriften zu halten, Einschränkungen gebe es keine, sondern er könne nach Herzenslust essen, was ihm beliebt, und er werde trotzdem abnehmen – der ist selber schuld.

Neil Postman macht ein Experiment

Vertrauen in die hohe Kompetenz von Fasten-Gurus und Diät-Päpsten ist schön und gut, aber ganz ohne Einsatz des Hausverstands lässt sich nicht fasten. So, wie Bert Brecht (1898–1956) seinerzeit den Theaterbesuchern empfohlen hat, den Verstand nicht an der Garderobe abzugeben, und mit seinem berühmten provozierenden Spruch: »Glotzt nicht so romantisch!« bewusst machen wollte, dass es zu wenig ist, sich bloß den Gefühlen zu überlassen, sondern dass der Theaterbesucher auch ein bisschen mitdenken sollte, so sollte man, wenn man sich ein Buch über das Fasten kauft, ebenfalls seinen Verstand nicht an der Kasse der Buchhandlung abgeben. Auch auf dem Gebiet der Diät- und Fastenliteratur ist keineswegs alles Gold, was glänzt. So banal es sich auch anhört, aber es muss dennoch gesagt werden: Nicht alles, was seriös aussieht, ist tatsächlich seriös. Das Geschäft mit der Dummheit ist allzu verlockend, als dass es nicht Menschen gäbe, die der Versuchung nicht widerstehen können, es auch zu machen.

Der amerikanische Kommunikationswissenschaftler Neil Postman, von dem der Bestseller »Wir amüsieren uns zu Tode« stammt, hat dazu ein paar sarkastische Anmerkungen gemacht. In einer viel beachteten Rede bei der Frankfurter Buchmesse hat Postman anschaulich vorexerziert, wie recht der Schriftsteller George Bernard Shaw (1856–1950) hatte, als er seinerzeit behauptete, der moderne Mensch sei »genauso leichtgläubig wie der Mensch des Mittelalters«.

> *Zunächst möchte ich von einem Experiment berichten, das ich in den vergangenen Jahren hin und wieder gemacht habe. Am besten lässt es sich morgens durchführen, wenn ich einen*

Kollegen erblicke, der nicht im Besitz einer »New York Times« zu sein scheint.
»Hast du heute Morgen die ›Times‹ gelesen?«, frage ich. Wenn er »Ja« antwortet, findet an diesem Morgen kein Experiment statt. Antwortet er jedoch »Nein«, kann das Experiment weitergehen.
»Du musst dir heute unbedingt den Wissenschaftsteil ansehen«, sage ich. »Dort steht ein sehr interessanter Artikel über eine Untersuchung, die an der University of Minnesota durchgeführt wird.«
»Tatsächlich? Worüber denn?«, ist die übliche Erwiderung. Die Zahl der Möglichkeiten, die sich mir an diesem Punkt bieten, ist fast unendlich. Hier kommt die Kreativität ins Spiel. Ich sage also beispielsweise Folgendes:
»Na ja, sie wollen herausfinden, was man essen soll, wenn man abnehmen will, und nun hat sich herausgestellt, dass man die normale Ernährungsweise am besten beibehält und sie nur durch drei Schokoladen-Trüffel am Tag ergänzt. Diese Trüffel enthalten offenbar einen besonderen Nährstoff – enkomisches Dioxin, das die Kalorien mit einer unglaublichen Geschwindigkeit abbaut.«
Eine andere Möglichkeit, die mir immer besondere Freude macht, ist diese: »Ich schätze, das wird dich interessieren«, sage ich.
»Die Neurophysiologen an der John Hopkins University haben einen Zusammenhang zwischen Joggen und Intelligenzschwund aufgedeckt. Sie haben mehr als zwölfhundert Personen fünf Jahre lang getestet und dabei festgestellt, dass ihre Intelligenz in dem Maße abnahm, wie die Zahl der

Stunden, in denen sie joggten, zunahm. Warum, weiß man nicht, aber die Sache an sich steht fest.«
Sofern ich es nicht schon zwei- oder dreimal bei ihnen versucht habe, glauben die meisten Leute, was ich ihnen erzähle, und sei es noch so lächerlich, sie reagieren jedenfalls nicht mit Ungläubigkeit.
Manchmal zögern sie ihre Reaktion hinaus, indem sie erwidern: »Wo sagtest du, wurde diese Untersuchung durchgeführt?« Aber manche sagen auch: »Weißt du, das habe ich auch schon gehört.«

(Neil Postman)

Das Geschäft mit der Dummheit

Mit unseriösen Büchern ein gutes Geschäft zu machen ist eine Erfindung, die schon älter ist als die Frankfurter Buchmesse. Schlechte Bücher gibt es, seit es Bücher gibt.
Schon im ersten Jahrhundert nach Erfindung des Buchdrucks wetterte ein seriöser Mediziner gegen eine gewisse Sorte von Gesundheitsbüchern, deren Autoren es nicht um die Gesundheit des Buchkäufers ging, sondern eigentlich nur darum, mit der Gutgläubigkeit ihrer Leser ein gesundes Geschäft zu machen. Der Zorn des anonymen Arztes entlud sich in die folgenden, zwar ein wenig krachledernen, aber dennoch von Herzen kommenden und aus ehrlicher Empörung heraus formulierten Knittelverse:

Es nimmt sich an der Arzenei
So mancher Mann mit groß Geschrei
Nasweise Weiber jung und alt
Verdorbene Krämer gleicher Gestalt

Und ob genauestens ist bekannt
Ihr groß Betrug und Unverstand
Und was sie treiben allerhand
Doch leidet man's im ganzen Land.

(Auf einem anonymen Flugblatt, um 1580)

4. Fasten ohne Fanatismus

Wie gut oder wie schlecht eine bestimmte Diätempfehlung ist, kann man an den Früchten erkennen, die sie hat. Aber wenn wir schon von vornherein sehen, dass sie nichts taugt, werden wir sie erst gar nicht ausprobieren.

Seriöse Meister des Fastens werden uns weder für dumm verkaufen noch wird ihnen daran liegen, uns zu quälen. Auch beim Fasten aus spirituellen Motiven gilt die Faustregel: Je strenger und unerbittlicher die Forderungen sind, umso bedenklicher ist die Angelegenheit; und je mehr eine bestimmte Methode mit dem Anspruch auftritt, sie wäre die einzige und allein selig machende Wahrheit, umso falscher und verkehrter kann sie nur sein.

Pharisäer fasten mit finsterem Gesicht

Man kann alles übertreiben; und wenn das Gute übertrieben wird, kippt es sehr leicht ins Gegenteil um. Niemand Geringerer als Jesus von Nazareth hat gegen Pharisäismus und Heuchelei polemisiert, wo er nur konnte. Auch und gerade wenn es das

Fasten betraf, kannte er keinen Pardon. Ein Mann, der sich hinstellt, um zu beten, und sich dabei besser vorkommt als die anderen, weil er von sich sagen kann: »Ich faste zweimal in der Woche« (Lk 18,12), kommt bei Jesus nicht gut weg.
Auch seine Worte über das Fasten, die in der Bergpredigt stehen (Mt 6,16–18), lassen an Deutlichkeit nichts zu wünschen übrig.

> *Wenn ihr fastet, macht kein finsteres Gesicht wie die Heuchler. Sie geben sich ein trübseliges Aussehen, damit die Leute merken, dass sie fasten.*
> *Amen, das sage ich euch: Sie haben ihren Lohn bereits erhalten.*
> *Du aber salbe dein Haar, wenn du fastest, und wasche dein Gesicht, damit die Leute nicht merken, dass du fastest, sondern nur dein Vater, der auch das Verborgene sieht; und dein Vater, der das Verborgene sieht, wird es dir vergelten.*
>
> (Jesus von Nazareth)

Wie die Kulturgeschichte der Menschheit zeigt, haben Menschen, wenn sie fasten, stets das Bedürfnis, ihr Inneres gleichsam nach außen zu kehren – den leider nicht herzeigbaren leeren Magen wenigstens symbolisch sichtbar zu machen. Man tat dies, indem man sich ein möglichst verwahrlostes Aussehen gab. Sich die Haare zu zerraufen, sich in billigste und minderwertigste Lumpen zu kleiden oder sich gezielt zu beschmutzen – also im wahrsten Sinne des Wortes »in Sack und Asche« zu gehen – waren die klassischen Verhaltensweisen. Und genau daran hat Jesus ganz massiv gerüttelt, weil solche Äußerungen leicht zu bloßen Äußerlichkeiten werden und das fromme Tun zu einer Farce machen.

Bekenntnis der Frisur

»Bekenntnis der Frisur« ist der Titel eines Textes aus meiner eigenen Feder (in: In Gottes Ohr. Meditationen und Gebete, Patmos-Verlag, Düsseldorf 1987, 83–84). In ihm werden die Konsequenzen dieses für Jesus so typischen Standpunkts bedacht und entfaltet.

Wollt ihr etwa dem,
der sich die Mühe macht,
die Haare eures Hauptes
alle zu zählen,
vorschreiben, er habe
gefälligst bloß
ins Verborgene zu schauen?

Wollt ihr ihm weismachen,
auf die Frisur
komme es nicht an?

Im Ernst?

Jesus,
der sicherlich nicht
im Verdacht steht,
es komme ihm womöglich
auf Äußerlichkeiten an –
Jesus sagt: Wenn du fastest,

dann salbe dein Haar
und mach ein frohes Gesicht!

Im Ernst?

Kein Ernst, keine Strenge?
Nicht in Sack,
nicht in Asche?

Wie? Fröhliche Fastenzeit?
Heiterer Aschermittwoch:
Fortsetzung des Faschings
mit anderen Mitteln?

Im Ernst:
Jesus sagt nichts
gegen das Fasten,
nichts gegen den Ernst,
nichts gegen Sack und Asche.

Jesus sagt nur:
Wenn Sack und Asche
zum Mittel werden,
mit dem ihr euch pharisäisch
ins Rampenlicht stellt,
dann lieber nicht
Sack und Asche!

Jesus sagt nur:
Die Frisur

muss zu dem passen,
was du tust.

Was nützt denn dein Fasten,
wenn du es schon
mit der Frisur
entwertest!

(Josef Dirnbeck)

5. Wenn Fasten zum Horror wird

Von Pädagogen mit Naserümpfen bedacht, von Kindern heiß geliebt und gern gelesen, von Eltern und Großeltern den heranwachsenden Sprösslingen unter den Weihnachtsbaum gelegt – der »Struwwelpeter« erfreut nach wie vor die Herzen der Kinder; und nicht minder die Herzen der Buchhändler und Verleger.
In diesem Evergreen aller Evergreens unter den Kinderbüchern begegnet uns eine eigentümliche Figur namens »Suppenkaspar«. Es ist dies ein Knabe, der die Suppe, die ihm auf den Tisch gestellt wird, behandelt, als wäre sie ein Giftpilz. Dabei entwickelt er eine schier atemberaubende Konsequenz. Statt dass er auch nur einen Löffel voll Suppe zu sich nimmt, nimmt dieser Kaspar lieber in Kauf, dass er in kürzester Zeit bis zum Skelett abmagert; und zu guter Letzt zieht er sogar das kühle Grab dem heißen Zeug vor, das ihm von seinen Vorgesetzten vorgesetzt wird.

Nein, meine Suppe ess ich nicht!

Was ist eigentlich der tiefere Sinn dieser tragischen Story? Welche Abgründe verbergen sich hinter ihr? Man wird fragen müssen, aus welchem Grund ein ursprünglich recht pausbäckiger Knabe urplötzlich am Hungertuch nagt? Hat er außer der Suppe, die er nicht mochte, nichts anderes zu essen bekommen – und wenn ja, aus welchem grausamen Grund? Ist sein baldiges Hinscheiden die Folge einer Magersucht, die den Körper zum Austragungsort von psychischen Konflikten werden ließ? Oder hatte er dummerweise mit seinen Spielkameraden eine unüberlegte Wette abgeschlossen, die er nicht verlieren wollte?

Handelt es sich um einen leider tödlich endenden Hungerstreik als Protest gegen eine brutale Zwangsernährung? Oder haben wir es eher mit einem Fall zu tun, für den eigentlich das vatikanische Büro für Selig- und Heiligsprechungen zuständig wäre: Ist mit diesem Kind womöglich ein Meister an Selbstverleugnung und Abtötung vom Himmel gefallen? War der Suppenkaspar in Wahrheit ein *Fasten*kaspar, der sich so perfekt zu kasteien verstand, dass man ihm auf der Stelle einen »heroischen Tugendgrad« zubilligen muss? Oder hatte seine Spiritualität mehr fernöstlichen Charakter: War sein obstinates »Nein, meine Suppe ess ich nicht!« eine Art Mantra auf der Suche nach Erleuchtung?

Wir wissen es nicht und wir werden es vermutlich nie wissen. »Ignoramus, ignorabimus«, wie der Lateiner sagt. Wir könnten höchstens bei Arthur Schopenhauer (1788–1860) nachschlagen, der in seinem Werk »Die Welt als Wille und Vorstellung« nicht nur Tiefschürfendes über den Selbstmord im Allgemeinen zu sagen wusste, sondern sich auch über eine ganz besondere Art des Selbstmords Gedanken gemacht hat, nämlich über den

»aus dem höchsten Grade der Askese freiwillig gewählten Hungertod«.

Eine besondere Art von Selbstmord?

Einer, der sich auf solche Weise umbringt, tut dies laut Schopenhauer, »weil er ganz und gar aufgehört hat zu wollen«. Darum kommt nur das tödlich endende *Fasten* in Frage. Sich den Weg ins Jenseits etwa durch einen Dolchstoß, durch die Einnahme von Gift oder durch einen Sprung vom Felsen abzukürzen scheidet aus logischen Gründen aus. Denn sobald ein »völlig resignierter Asket« eine andere Todesart als die verweigerte Nahrungsaufnahme wählt, würde er ja schon wieder etwas *wollen*, wie Schopenhauer scharfsinnig folgert, »weil die Absicht, die Qual zu verkürzen, wirklich schon ein Grad der Bejahung des Willens wäre« – und dann würde es sich bloß noch um einen Selbstmord banaler Art handeln.

Vernünftige Motive können es nicht sein, die einen Menschen veranlassen, durch Fasten sein Leben zu beenden. Also bleiben nur noch religiöse oder psychopathologische Motive übrig. Schopenhauers Diagnose lautet: »Die Dogmen, welche die Vernunft eines solchen Büßenden erfüllen, spiegeln ihm dabei den Wahn vor, es habe ein Wesen höherer Art ihm das Fasten, zu dem der innere Hang ihn treibt, anbefohlen.« – Aber ob dies wohl auch im Fall des Suppenkaspars als zutreffend anzukreuzen wäre? Wir wissen es nicht.

Karies statt Caritas

In der Causa Nikolaus sind die Dinge viel klarer. Der liebenswürdige Bischof von Myra, der aus der Hafenstadt Patara an der kleinasiatischen Küste östlich der Insel Rhodos stammte, war in

Sachen Fasten ebenfalls kein Waisenknabe. Er ist den Menschen als Wohltäter und Menschenfreund in Erinnerung geblieben, denn er praktizierte Nächstenliebe, wo er nur konnte. Eine besondere Ironie des Schicksals ist es freilich, dass ausgerechnet dieser Mann, der zeit seines Lebens ein großer Asket vor dem Herrn war, später zu einer Art Weihnachtsmann mutierte, der Jahr für Jahr – von einem zottigen Gesellen begleitet – von Haus zu Haus gehen muss, um Kindern irgendwelche Köstlichkeiten zu verabreichen; Lebensmittel, die meist sehr kalorienreich sind, zu viel Fett und Zucker enthalten und auch sonst vom Standpunkt der gesunden Ernährung aus eher mit Vorsicht zu genießen wären.

Es ist nicht zu fassen: Ein asketisches Schwergewicht wie der heilige Nikolaus trägt auf seltsamen Umwegen dazu bei, bei der heranwachsenden Generation falsche Ernährungsgewohnheiten zu zementieren! Karies statt Caritas, kann man da nur sagen.

Es ist nicht von ungefähr, dass wir hier den Suppenkaspar und den heiligen Nikolaus nebeneinander betrachtet haben. Bei aller Verschiedenheit haben die beiden etwas Gemeinsames. Auch Nikolaus wollte manchmal nicht essen, was man ihm vorsetzte.

Aus dem Leben eines heiligen Säuglings

Der zum adventlichen Gabenbringer avancierte Bischof von Myra hat nicht nur als Erwachsener gefastet, sondern bereits als Kind. Den erbaulichen Legenden zufolge, die über ihn erzählt werden, muss er geradezu als ein Meister der Frömmigkeit und Askese vom Himmel gefallen sein.

Gleich am ersten Tag seines Lebens, als man ihn baden wollte, soll er seine Familie damit überrascht haben, dass er im Waschbecken aufrecht stehen konnte. Das war in doppelter Hinsicht höchst wunderbar. Denn es durchbrach einerseits das Naturgesetz, dass Menschenkinder in diesem zarten Alter noch nicht einmal fähig sind, auf allen vieren zu krabbeln. Es war aber nicht nur in natürlicher Hinsicht höchst verblüffend, sondern auch auf *übernatürlicher* Ebene bemerkenswert. Immerhin wollte der frühreife Heilige auf diese spektakuläre Weise zu erkennen geben, dass ihn bereits sehnsüchtig nach dem Bad der Wiedergeburt im Sakrament der Taufe verlangte.

Noch ein weiteres Detail aus dem Leben des heiligen Säuglings muss unbedingt erwähnt werden. Der kleine Nikolaus, heißt es, hat stets brav von der ihm dargebotenen Muttermilch getrunken, allerdings nicht immer die gleiche Menge. Wiederum verblüffte das Baby die Familie auf das außerordentlichste. Die berühmte »Legenda Aurea« weiß über den Vorfall mit folgenden Worten zu berichten: »Quarta et sexta feria *tantum semel* sugebat ubera.« Auf Deutsch: »Am Mittwoch und Freitag pflegte er *nur einmal* an der Mutterbrust zu saugen.«

Mit anderen Worten: Der große Heilige hat bereits als Kleinkind gefastet. Auf wundersame Weise hat Nikolaus, in Windeln gewickelt und in seiner Wiege liegend, offenbar immer ganz genau gewusst, wann welcher Wochentag ist, und war daher imstande, an den kirchlich gebotenen Fasttagen mit den ihm zur Verfügung stehenden Mitteln die so genannte »einmalige Sättigung« zu praktizieren, die den Gläubigen an strengen Fasttagen vorgeschrieben ist – zu welcher er allerdings als Kleinkind gar nicht verpflichtet gewesen wäre.

Wen von beiden sollen sich denn die Kinder von heute nun zum Vorbild nehmen: Sollen sie vom heiligen Nikolaus lernen, schön brav zu fasten, oder sollen sie sich vom abschreckenden Beispiel des Suppenkaspar dazu verführen lassen, schön brav zu essen?

Brav fasten oder brav essen?

Das Beispiel der Heiligen – so lautet eine ebenso alte wie weise Faustregel – sollen wir in jedem Fall bewundern, dürfen es aber nicht in jedem Fall auch nachahmen. Brave Kinder brauchen sich also den Muttermilchverweigerer Nikolaus *nicht* zum Vorbild zu nehmen, um auf dem Weg zur Fastenmeisterschaft früh genug mit dem Üben anzufangen. Und den Suppenkaspar schon gar nicht!

Diese Story vom Trotzkopf am häuslichen Mittagstisch ist sowieso nur ein schlechter Scherz. Vom pädagogischen Standpunkt aus höchst anfechtbar, ist die Geschichte, die sich ein Vater für seinen Sohn ausgedacht hat, auch in sich reichlich ungereimt und offensichtlich wenig durchdacht. Wann hätte es jemals nennenswerte Folgen gehabt oder wäre gar mit einem Gesundheitsrisiko verbunden gewesen, wenn ein Kind seine Suppe nicht aß? Das genaue Gegenteil ist wahr: Für Hunderttausende von Kindern hatte es fatale Folgen, *dass* sie die Suppe immer schön brav auslöffelten, die ihnen von ihren Eltern, Großeltern, Onkeln und Tanten und sonstigen Erziehungsberechtigten eingebrockt wurde.

Der Schweizer Schriftsteller und Pfarrer Jeremias Gotthelf (1797–1854) war diesbezüglich durchaus realistischer als der Frankfurter Arzt Heinrich Hoffmann (1809–1894), dem wir den »Suppenkaspar«, den »Struwwelpeter« und all die anderen unvergesslichen Gestalten verdanken, die er für seinen eigenen Sohn gedichtet und gezeichnet hat und die im Buch »Lustige Geschichten und drollige Bilder für Kinder von drei bis sechs Jahren« in gedruckter Form für die Nachwelt aufbewahrt sind.

Was Jeremias Gotthelf in seinem Roman »Der Bauernspiegel« geschildert hat, mag vielleicht ein wenig zugespitzt und überzeichnet sein, gibt aber letzten Endes bei aller Übertreibung doch ein recht zutreffendes Abbild der Wirklichkeit: »Ich war also ein sehr wertes Kind und wurde natürlich ein sehr fettes, denn darin zeigt sich bei gar vielen Leuten, die nicht gelernt, wann sie gutmütig, wann sie vernünftig sein sollen, die Liebe, dass sie den Kindern so viele und so gute Speisen einschoppen, als zum Mund hineinmag – an die Folgen denken sie nicht.«

Warnung des Gesundheitsministers

Mäßigung ist das Gegengift zur Unmäßigkeit. Die Frage ist nur: Wie viel Mäßigung darf es denn sein? Ist es nicht möglich, dass einer die Mäßigung übertreibt und so lange steigert, bis das Maß voll ist – so dass paradoxerweise die Mäßigung selber zur Unmäßigkeit wird?

Gibt es für den, der sich in Einschränkung übt, eine Art Schranke, die er nicht überschreiten darf, weil schrankenlose Einschränkung selber zu der Krankheit wird, für deren Heilung sie sich hält?

Sollte vor Beginn jeder Fastenkur eine Warnung des Gesundheitsministers stehen: »Achten Sie darauf, dass Sie nicht zu viel fasten, denn Fasten kann Ihre Gesundheit gefährden!«

Im Normalfall werden wir nur müde lächeln, wenn man uns ernsthaft davor warnen würde, das Fasten zu übertreiben. Für uns, die wir in puncto Fasten weder Weltmeister sind noch werden wollen, ist das wohl nur ein theoretisches Problem. Wir schaffen es ja nicht einmal, so viel zu fasten, wie wir eigentlich müssten, um das Ziel zu erreichen, das wir erreichen möchten. Wir können schon froh sein, wenn wir hinterher wenigstens ein paar Kilo weniger wiegen. Das Schicksal des Suppenkaspars wird ganz bestimmt nicht das unsere sein. Doch gibt es auch

Fälle, die anders gelagert sind. Traurig, aber wahr: Fasten kann zum Terror werden.

Alles kann man übertreiben, auch das Fasten. Ein Mann wie Ephräm der Syrer (306–373) wird schon gewusst haben, weshalb er seinen Zeitgenossen einschärfte: »Wer zu viel fastet, gleicht einem Kutscher, der die Pferde zu sehr zum Laufen antreibt und dadurch den Wagen großer Gefahr aussetzt. Oder er gleicht einem unbeladenen Schiff, das vom Wind leicht umgeworfen wird.«

Erhebend und befreiend

Fasten sollte eigentlich etwas sein, das dem Menschen nützt; etwas, das ihm hilft, das ihn erhebt und ihn mehr Mensch sein lässt. Auch in der »Fastenpräfation« – also in jenem Text, mit dem die katholische Liturgie in der Fastenzeit das Eucharistische Hochgebet einleitet – ist der Gedanke, dass das Fasten den Sinn einer Buße für begangene Sünden hat, nicht der einzige oder gar ausschließliche Aspekt. Es wird ausdrücklich auch das erhebende und befreiende Moment des Fastens angesprochen.

> *In Wahrheit ist es würdig und recht, dir, Herr, heiliger Vater,*
> *allmächtiger, ewiger Gott, immer und überall zu danken.*
> *Durch das Fasten des Leibes hältst du die Sünde nieder,*
> *erhebst du den Geist, gibst uns die Kraft und den Sieg.*
>
> (Aus der Präfation für die Fastenzeit)

Umso schlimmer, wenn aus dem Fasten ein Instrument gemacht wird, mit dem man die Gläubigen terrorisiert und ein durch und durch sadistisches Bild von Gott entwirft, der seine Freude daran hat, wenn seinen Kinder tüchtig der Magen kracht.

Von dieser besonders perversen Art, etwas an und für sich so Heilsames und Erstrebenswertes wie das Fasten durch gnadenlose Übertreibung zum Horrortrip werden zu lassen, konnte Erasmus von Rotterdam (1469–1536) ein Lied singen – ein durchaus trauriges und gallenbitteres Lied, wie man sich denken kann.

Die Leiden des jungen Erasmus

Der gelehrte Humanist geriet in seiner Jugend in die Fänge eines Fanatikers. Zumindest hat er selber es so gesehen und empfunden; aber es ist leider zu befürchten, dass es sich ohnehin nur um den ganz normalen, alltäglichen Wahnsinn gehandelt hat und dass dem jungen Erasmus in anderen Internaten wohl Ähnliches widerfahren wäre wie im »Collège Montaigu« in Paris, wo er eine Zeit lang lebte, um sich zusammen mit anderen Jugendlichen auf das Studium an der Universität vorzubereiten.

Besagtes Internat, in welchem bedürftige Schüler aufgenommen wurden, die sonst keine Möglichkeit gehabt hätten, eine höhere Schule zu besuchen, wurde von einem Mann namens Jan Standock aus Mecheln geleitet. Die Auffassungen, die dieser Mann über Kindererziehung im Allgemeinen und über das Fasten im Besonderen hatte, müssen laut Erasmus unter aller Kritik gewesen sein.

Dem Internatsleiter habe man keineswegs Mangel an gutem Willen vorwerfen können, »allerdings ließ er jegliche Einsicht vermissen«, behauptete der notorisch einsichtige und verständnisvolle Erasmus von Rotterdam Jahrzehnte später, als er selber schon ein berühmter Mann war, aber sich noch sehr gut an die Qualen erinnerte, die er und seine Kommilitonen in diesem Internat auszustehen hatten.

»Dass dieser Mann, eingedenk der Jugend, die er selbst in größter Armut verbracht hatte, sich um arme Jugendliche kümmerte, ist vollauf zu billigen«, sagt Erasmus von Rotterdam. »Aber wenn man sich näher ansieht, *wie* er es anstellte, wird man sagen müssen, dass es nicht Nächstenliebe, sondern Grausamkeit gegenüber dem Nächsten war, wie er an die Sache heranging.«

Jan Standock traktierte die ihm anvertrauten Zöglinge – wie Erasmus wörtlich ausführt – »mit einer so harten Liegestatt, mit so rauer und magerer Kost, mit so schweren Nachtwachen und Arbeiten, dass er beim ersten Versuch innerhalb eines Jahres viele junge Leute mit einer viel versprechenden Begabung teils in den Tod trieb, teils in die Blindheit, teils in den Wahnsinn. Etliche erkrankten auch am Aussatz. Einige davon habe ich persönlich gekannt.«

Nicht nur nach den heutigen Lebensmittelgesetzen wäre etliches von dem, was die hungrigen Buben hinunterwürgen mussten, als verdorben einzustufen gewesen: »Wie viele faule Eier wurden gegessen, wie viele sauer gewordene Getränke wurden getrunken!«

Fleisch bekamen die Zöglinge in jenem Kolleg, »das seinen Beinamen vom Essig hatte«, wie Exzögling Erasmus sarkastisch anmerkt, überhaupt nie auf den Tisch. Die Halbwüchsigen mussten sich mit einem kleinen Stück Brot begnügen und selbst mitten im strengsten Winter ihren Trunk aus einem Brunnen schöpfen, dessen Wasser verunreinigt war.

Der Humanist erinnert sich genau: »Diese grausame Strenge hat nicht nur schwächliche Naturen zugrunde gerichtet. Einige Schlafstätten befanden sich auf feuchtem Boden, an schimmliger Wand und in ungesunder Nähe der Aborte ...«

Und das wahrhaft Groteske an dieser Geschichte, die – anders als die vom »Suppenkaspar« – leider nicht erfunden ist: Dies alles – diese unmenschliche Härte, diese rücksichtslose Strenge, diese unvernünftige und unsinnige Gewalttätigkeit gegen wehrlose Jugendliche – wurde im Namen des Guten, mit bester Absicht und letztlich zur höheren Ehre Gottes vollbracht. Man hielt diese schier an Folterung grenzende Art der Abhärtung sogar für pädagogisch besonders wertvoll.

»Sie behaupten, dass man sich so die Wildheit abgewöhnt«, sagt Erasmus. »Aber was nennen sie Wildheit? Eine viel versprechende Begabung, die sie geflissentlich brechen, um die Leute für die Klöster gefügiger zu machen.«

Er erwähne diese Dinge nicht, weil er jenem Kolleg übel wolle, betont der große europäische Gelehrte, sondern weil er finde, »dass es der Mühe wert ist zu warnen, damit nicht unter dem Deckmantel der Religion die unerfahrene und zarte Jugend verdirbt. Man darf die heranwachsende Jugend nicht zu dieser Art von Frömmigkeit zwingen, sondern man muss eher das Herz zur Frömmigkeit erziehen.«

Selbst Sportler trainieren nicht rund um die Uhr, sondern machen Pausen, in denen das Leben ganz normal weitergeht. Erasmus von Rotterdam und seine Mitschüler indes mussten sich rund um die Uhr kasteien. Wenn man sich diese ganzjährige Fastenzeit vorstellt, die den Knaben im Hause des Herrn Standock zwangsweise verordnet wurde, kann man sich kaum vorstellen, dass sich Herr Standock vorstellen konnte, seine Erziehungsmaßnahmen seien ein Gott wohlgefälliges Tun. Und doch war er – wie ja auch Erasmus zugibt – subjektiv sicher guten Willens (Erasmus von Rotterdam: Colloquia familiaria – Vertraute Gespräche, in: Ausgewählte Schriften [Lateinisch und Deutsch], herausgegeben von Werner Welzig, Bd. 6, Wissenschaftliche Buchgesellschaft, Darmstadt 1967, 314–455).

Schlimm genug, wenn jemand *sich selber* aus freien Stücken bis zum Gehtnichtmehr kasteit, weil er meint, dies sei der richtige Weg, die Seele zu Gott zu erheben. Aber *andere* zu einem solchen Rigorismus zu zwingen oder ihnen Gewalt anzutun ist nicht nur nicht christlich, sondern schlechthin indiskutabel.

Wer zu viel fastet, kann nicht mehr beten

»Durch das Fasten sollen die *Sünden* des Fleisches vernichtet werden, nicht aber das Fleisch selber«, sagte schon Papst Gregor der Große (540–604) – wobei mit »Sünden des Fleisches« keineswegs bloß sexuelle Verfehlungen gemeint waren, wie man es in späterer Begriffsverengung verstand, sondern überhaupt alle unguten Folgen der menschlichen Schwäche und Inkonsequenz. Übrigens wäre es nicht nur deswegen höchst unvernünftig, sich krank zu fasten, weil der arme und geplagte Körper herzlich wenig dafür kann, dass der Wille so schwach ist, sondern auch deswegen, weil man vom Körper das Gleiche sagen könnte, was die schwedische Filmschauspielerin und Schlagersängerin Zarah Leander (1907–1981) in einem ihrer berühmtesten Songs von der Welt gesagt hat: Die Welt darf noch nicht untergehen, denn »sie wird ja noch gebraucht!« Kein Asket darf in seiner Askese so weit gehen, seinen Körper zugrunde zu richten, denn der Körper »wird ja noch gebraucht« – zum Beispiel zum Beten, wie der heilige Hieronymus (345–420), Bibelübersetzer und Vorsteher einer Klostergemeinschaft, feinsinnig beobachtete. Mit einem Seitenblick auf die Häufigkeit der Krankenstände in den Klöstern stellte er nicht ganz ohne Ironie fest: »Durch das Fasten soll man den Körper nicht so weit schwächen, dass er zum Gebet untauglich wird und man seinen Berufspflichten nicht mehr nachkommen kann.«

6. Indische Wege und Irrwege

Fasten ist nichts spezifisch Christliches, sondern findet sich in fast allen Religionen und Kulturen. Und so ist es kein Wunder, dass es diverse Fehlhaltungen und falsche Ansichten über das Fasten, wie sie uns im christlichen Bereich begegnet sind, in ähnlicher Form auch in anderen Religionen gibt.

Buddha und das Fasten

Sogar ein Mann wie Buddha hatte eine Zeit, in der er das Fasten verabsolutierte und meinte, dies sei nun endlich der einzig wahre und richtige Weg, um zur Erleuchtung zu kommen. Aber lernfähig, wie er war, ließ er sich von den Erfahrungen, die er machte, darüber belehren, dass auch eine so wichtige Sache wie das Fasten letztlich nichts Absolutes ist; dass es nicht darum geht, auf Biegen und Brechen zu fasten, sondern dass das Fasten innerhalb des Ganzen der Askese nur einen ganz bestimmten Stellenwert hat – oder um es in unserer westlichen, von abendländischen Traditionen geprägten Sprache zu sagen: dass der Mensch nicht vom Fasten allein lebt, sondern dem Fasten geben muss, was des Fastens ist.

Es ist überaus aufschlussreich nachzulesen, was Buddha selbst darüber erzählt hat – oder was jedenfalls als eine Erzählung des Erhabenen überliefert wird. In einem bedeutenden buddhistischen Quellentext wird beschrieben, wie Buddha die asketischen Übungen, die er im Laufe seines Lebens machte, hinterher einschätzte: »Buddha berichtet über seine asketischen Übungen« (Majjhima-Nikaya XII) und »Vergebliche Askese des Buddha« (Majjhima-Nikaya XXXVI). Dabei ist es für unsere Zwecke nicht wichtig, sofort kritisch nachzufragen, ob der historische Buddha das, was hier geschildert wird, tatsächlich in allen Einzelheiten so erlebt hat oder ob es sich nicht eher um eine didaktische Zusammenfassung all dessen handelt, was ganze Generationen von Mönchen und Einsiedlern erlebt und erfahren haben. Schließlich interessieren wir uns ohnehin mehr für das Letztere: Wir möchten sehen, wie Menschen einer bestimmten Kultur gefastet haben und welchen Stellenwert die rituelle Einschränkung der Nahrungszufuhr für sie hatte.

Er habe *vierfache* Askese geübt, erzählte der Buddha einem seiner Lieblingsschüler namens Sariputta. Er habe sich *»aufs äußerste kasteit«*, er habe *»sehr elend gelebt«*, war *»sehr rücksichtsvoll«* und befand sich *»in äußerster Einsamkeit«*.

In der ersten Phase schränkte der Asket seine Bedürfnisse ein, legte immer weniger Wert auf Kleidung, ging schließlich sogar nackt umher und kümmerte sich immer weniger um herkömmliche Anstandsregeln.

»Ich leckte mir nach dem Essen die Hände ab; ich ließ mich nicht zum Verweilen auffordern; ich nahm keine Nahrung, die man mir brachte, die besonders für mich zubereitet war; ich nahm niemals eine Einladung an; ich nahm keine Nahrung direkt aus dem Topf oder der Pfanne oder von der Türschwelle oder zwischen Stöcken und Dreschflegeln, nichts von zweien, die zusammen aßen, nichts von einer schwangeren Frau, nichts von einer stillenden Mutter, nichts von einer Frau, die Geschlechtsverkehr hatte, nichts von der Nachlese in Hungerzeiten, nichts, wo ein Hund in der Nähe war oder Fliegen flogen; niemals berührte ich Fleisch noch trank ich starke, berauschende Getränke. Ich besuchte nur ein Haus am Tag und nahm dort nur einen Bissen oder ich besuchte nur zwei Häuser und nicht mehr als sieben Häuser und nahm in jedem nur zwei und nicht mehr als sieben Bissen.«

Man sieht, dass der Buddha nicht quasi als ein Freistilasket, der einfach tut, was ihm gerade einfällt, die Szene betrat, sondern dass er von gewissen Traditionen geprägt war. Mit der größten Selbstverständlichkeit beachtete er bestimmte Tabus und hielt sich an zum Teil sehr komplizierte Rituale.

Kärgliche Kost, Kasteiung, kein Bad

»Ich lebte nur von einer einzigen Schale Nahrung am Tag oder von zwei oder bis zu sieben Schalen. Ich nahm nur eine Mahlzeit am Tag oder nur jeden zweiten Tag oder nur alle sieben Tage oder nur alle vierzehn Tage; es war ein strenger Maßstab.«

Die Ernährung war ausschließlich vegetarisch. Es waren grüne Kräuter, wilde Hirse, roher Reis oder sonstige Wasserpflanzen, die der streng fastende Asket zu sich nahm. Bisweilen stand sogar »Kuhmist« als Fastenspeise auf dem Speisezettel Buddhas. Besser geschmeckt haben werden ihm aber zweifellos die wilden Wurzeln und Beeren, die er im Wald sammelte, oder das heruntergefallene Obst, das er auflas und aß.

Noch stärkerer Tobak als die kärgliche Kost sind die Kasteiungen, mit welchen der Buddha seinen Körper in Zucht nahm: »In

Erfüllung meiner Gelübde habe ich mir Kopf- und Barthaar ausgerissen, bin stets aufrecht gestanden und habe mich niemals gesetzt, ich habe auf einem Lager von Dornen geschlafen. Ich pflegte dreimal vor Einbruch der Nacht zu baden. So habe ich in mannigfacher Weise meinen Körper gequält und kasteit.«
Um sich noch mehr zu kasteien, um frei zu werden von allen Begierden und sich nicht einmal von seinem eigenen Ekel beherrschen zu lassen, ging der möglichst »elend« lebende Asket schließlich dazu über, sich nicht mehr zu waschen. Es war ihm völlig gleichgültig, dass sich an seinem Körper der Staub und Dreck von drei Jahren ansammelte, bis er schließlich von selber abbröckelte. Penibel hielt der Buddha daran fest, sich nicht mit seinen eigenen Händen zu waschen oder sich von anderen reinigen zu lassen.

Von einem, der auszog, das Gruseln zu lernen

Weitere asketische Übungen waren die »große Rücksichtnahme« und die »große Einsamkeit«. Die Erstere bestand zum Beispiel darin, dass der Asket immer genau schaute, wo er hintrat, und – um keinem Lebewesen etwas zuleide zu tun – »voll Mitleid« darauf achtete, nicht einmal die kleinste Insektenlarve in einem Wassertropfen zu zertreten.
Und die »große Einsamkeit« sah so aus, dass der Buddha, der sich ohnehin schon in eine menschenleere Gegend zurückgezogen hatte, sich sofort abwandte, sobald er einen Hirten, einen Kräutersammler oder einen Waldarbeiter auch nur von ferne erblickte. Buddha wörtlich: »Ich ging in einen anderen Wald, von Dickicht zu Dickicht, von einem Tal ins andere, von einem Hügel zum anderen, damit weder jene mich sehen konnten noch ich sie.«

So, wie das Wild auf der Stelle die Flucht ergreift, wenn ihm Menschen zu nahe kommen, eilte auch der um »große Einsamkeit« Bemühte davon und suchte menschliche Behausungen nur auf, wenn er sicher sein konnte, dass sozusagen die Luft rein war.

»Wenn die Hirten ihre Herden aus den Ställen getrieben hatten, dann schlich ich mich auf allen vieren heran und ich nährte mich vom Mist der jungen, Milch saugenden Kälbchen.« Auch von seinem eigenen Kot und Urin habe er sich in dieser Phase seiner asketischen Übungen ernährt, erzählte Buddha seinem Schüler Sariputta. »Ein derartig ekelhafter Unratfresser war ich«, bekräftigte er.

Einsam sein heißt fern von den Menschen sein. Aber wenn sich der Asket dabei in einer traumhaften, idyllischen Landschaft befindet, wie sie im Reisekatalog nicht schöner abgebildet sein könnte, dann ist das auch noch etwas, das überwunden werden will.

Diesbezüglich hatte Buddha im Grunde die gleiche Mentalität wie der *Tannhäuser* bei Richard Wagner (1813–1883). Wenn der im Venusberg sündig gewordene Sänger zu seiner Buß- und Fußwallfahrt nach Rom aufbricht, dann vermeidet er tunlichst, nach rechts oder links zu blicken – zumindest sobald er sich südlich der Alpen befindet. »Verschlossnen Aug's, ihr' Wunder nicht zu schauen, durchzog ich *blind* Italiens holde Auen«, wird er hinterher seinem Kollegen Wolfram von Eschenbach erzählen.

Tannhäuser verbindet sich die Augen, um den Bußcharakter seiner Wanderung zu unterstreichen – damit der misstrauische Himmel nicht am Ende womöglich noch meint, dass hier einer, der in Wirklichkeit ohnehin nur die Toskana sehen wollte, seinen Italienurlaub scheinheilig als Pilgerreise deklariert hat. Der durch *Indiens* holde Auen wandernde Buddha folgte ebenfalls dieser archaischen Logik der so genannten »Minderungsriten«, wie man in der Religionsphänomenologie sagt. Nur spielte er nicht »Blinde Kuh« wie der mittelalterliche Minnesänger auf dem Weg von der Wartburg nach Rom, sondern suchte sich eine für solche Übungen besser geeignete Gegend – eine Landschaft, die von Frankenstein gestylt worden sein könnte.

Mit anderen Worten: Der nach der »großen Einsamkeit« Strebende wagte sich in unheimliche Gegenden vor. Es war wie im Märchen: Buddha wurde zu einem, der auszog, das Gruseln zu lernen.

»Ich hielt mich in den grausigsten Tiefen der Wälder auf, die so unheimlich waren, dass sich jedem, der nicht frei von Leidenschaften war, die Haare zu Berge sträubten. Dort war ich im Winter in frostigen, kalten, dunklen Nächten, nachts unter freiem Himmel und tagsüber im Dickicht. Wenn aber die Hitze des Sommers vor der Regenzeit kam, dann verbrachte ich den Tag unter der sengenden Sonne und die Nacht im stickigen Dickicht.«

Wenn dich die bösen Buben plagen …

Als der Erhabene im Dickicht schlummerte, wurde seine Nachtruhe gestört, weil sich Hirtenknaben in die Büsche schlugen, um just dort ihr Wasser zu lassen und ihre Notdurft zu verrichten, wo er seinen Ruheplatz hatte. Doch so etwas durfte einem in Verzicht und Entsagung Geübten nichts weiter ausmachen. Buddha versicherte seinem Schüler Sariputta, dass er es den Hirtenknaben keineswegs übel genommen hatte, als sie ihn anspuckten, auf ihn urinierten, ihn mit Kot bewarfen und ihm – als sie sahen, dass er sich nicht wehrte und dass man mit ihm tun konnte, was man wollte – zuletzt noch Grashalme in die Ohren steckten.

Wenn es das Ziel des Asketen war, durch Kasteiungen härtester Art zur Vollendung zu gelangen, dann hätte dieses Ziel damit eigentlich erreicht sein müssen. Denn was hätte er jetzt noch tun können? Welches *noch* imposantere Werk der Selbstverleugnung hätte er noch vollbringen, welche noch größere Erniedrigung auf sich nehmen können, um zur Erleuchtung zu kommen? Eines Tages dämmerte dem Buddha jedoch: So geht es nicht, dies ist nicht der richtige Weg!

»Durch diese Lebensweise«, sagte der durch seine Erfahrungen weiser Gewordene im Rückblick, »durch diese entsetzlichen Entbehrungen erreichte ich nicht die edle Gabe des höchsten Wissens und der Erleuchtung. Und warum nicht? Weil nichts davon zu jener edlen Einsicht führt, die, wenn man sie erlangt hat, zur Erlösung und zum gänzlichen Erlöschen des Leidens führt.«

Was nun? Der Asket machte es wie unsereins. So wie ein Übergewichtiger, der eine Diät ausprobiert hat, die nicht hielt, was er sich von ihr versprach, mit einer neuen, anderen, hoffentlich besseren Kur beginnt, versuchte auch Buddha etwas Neues: Er wurde zum Fakir.

Den Körper beherrschen

»Da kam mir der Gedanke: Lasst mich mit zusammengebissenen Zähnen und an den Gaumen gepresster Zunge durch bloßen Willen das Gemüt niederdrücken, bezwingen und so mein Herz beherrschen. Und dies tat ich, bis der Schweiß aus meinen

Achselhöhlen strömte. Gleichwie wenn ein starker Mann einen schwächeren Mann beim Kopf oder den Schultern ergreift, ihn niederdrückt, bezwingt und beherrscht, ebenso beherrschte ich mit zusammengebissenen Zähnen, an den Gaumen gepresster Zunge durch bloßen Willen das Gemüt, drückte es nieder und bezwang es, bis der Schweiß aus meinen Achselhöhlen strömte. Entschieden wuchs da meine Ausdauer und verzagte nicht. Meine Aufmerksamkeit kannte keine Zerstreuung, obwohl mein Körper arg gequält und gepeinigt wurde durch diese schmerzliche Askese, die mich antrieb.«

Aber leider muss der Buddha erkennen, dass auch diese Methode nicht das Gelbe vom Ei ist. Also probiert er abermals etwas anderes. »Da kam mir der Gedanke: Lasst mich nach der Ekstase streben, die vom Aufhören des Atmens kommt. So hielt ich die Ein- und Ausatmung durch Mund und Nase an. Da wurde das Geräusch der Luft, die durch meine Ohren strich, sehr laut, so wie das Gebläse des Blasebalges eines Schmiedes.«

Wieder merkte der Asket, dass zwar seine Ausdauer gewachsen ist, dass aber »das in ihm entstandene Wohlgefühl« nicht imstande war, von seinem Geist Besitz zu ergreifen. Doch diesmal versuchte er nicht gleich wieder etwas anderes, sondern begann die Übungen der Atemtechnik zu steigern.

Die Wirkung ließ nicht lange auf sich warten. Von »Wohlgefühl« konnte keine Rede mehr sein. Dem Buddha brummte der Schädel, und zwar in höchst schmerzhafter Weise: Es kam ihm vor, »wie wenn ein starker Mann mit der Spitze eines Schwertes in meinen Schädel stieße«. Trotzdem machte er weiter. Die Schmerzen wurden noch ärger. Der Buddha hatte das Gefühl, als ob ihm »ein starker Mann einen Lederriemen fest um den Kopf gewunden« hätte.

Buddhas Lieblingsschüler Sariputta wird wohl aus Höflichkeit ein Gähnen unterdrückt haben, als ihm sein Meister immer langatmiger von diversen weiteren Atemübungen erzählte, die alle nicht das erwünschte Ergebnis hatten. Jedes Mal musste der Buddha am Ende von neuem feststellen: »Entschieden wuchs da meine Ausdauer, konnte aber von meinem Geist nicht Besitz ergreifen.«

Nur noch Gemüsesuppe

Nach weiteren vergeblichen Versuchen, durch Anhalten des Atems zur Erleuchtung zu kommen, konzentrierte sich der Asket schließlich wieder auf das Fasten. Er nahm keine feste Nahrung mehr zu sich, sondern ernährte sich nur noch von einer dünnen Gemüsesuppe.

»Da kam mir der Gedanke: Lasst mich beschränken auf nur ganz wenig Nahrung, nämlich auf das Wasser, in dem Bohnen oder Wicken, Erbsen oder Linsen gekocht worden sind. Ich beschränkte mich auf diese Weise und mein Körper wurde ganz außerordentlich mager. Wie dürres, welkes Rohr wurden da meine Glieder und wie ein Kamelhuf wurde da mein Gesäß – und alles, weil ich so wenig aß.«

Hätte Buddha die Bibel gekannt, hätte er mit dem Psalmisten sagen können, dass ihm »die Knie vom Fasten wanken« und sein Leib abnimmt und mager wird, so dass er – nur noch Haut und Knochen – bereits aussieht »wie eine Heuschrecke« (vgl. Ps 109,23–24).

Buddhas Fastenkur war höchst erfolgreich, aber – wir ahnen es schon – der Meister merkte bald: Dies war auch nicht das Wahre! Während die letzten Pfunde verschwanden, die am sowieso schon ausgemergelten Körper des Asketen nur noch kümmerlich wucherten, kam ihm ein neuer Gedanke: »Mit allen diesen strengsten Mäßigungen misslingt es mir, die üblichen menschlichen Grenzen zu überschreiten und mich in die Höhe edelster Erkenntnis und Einsicht zu erheben. Sollte es da nicht einen anderen Weg zur Erleuchtung geben?«

Buddha erinnerte sich an frühere Zeiten. Eigentlich, so kam ihm nun vor, war er damals – ganz am Anfang seiner meditativen Bemühungen – ohnehin schon an dem Ziel gewesen, nach dem er so sehnsüchtig suchte. Er vergegenwärtigte sich, wie er einst auf den Ländereien seines Vaters »im kühlen Schatten eines Rosenapfelbaumes« gesessen hatte und »entäußert von Sinnenlust, dem Unheil entronnen, in die erste Stufe der Versenkung eingetreten war und darin verweilt hatte, mit aller Lust und Befriedigung, in einem Zustand innerer Abgeschlossenheit, jedoch nicht losgelöst von Wahrnehmung und Überlegung. Könnte dies der Weg zur Erleuchtung sein?« Und sofort erkannte er, dass hier der wahre Weg zur Erleuchtung lag.

Schluss mit dem sinnlosen Fasten!

Selbstkritisch und um die Nichtigkeit hinter der scheinbaren Wichtigkeit allen menschlichen Strebens Bescheid wissend fragte sich der Asket natürlich sofort, ob er nicht womöglich wieder nur einer Täuschung aufsitze. Beziehungsweise er fragte sich noch selbstkritischer und viel raffinierter, wieso er denn eigentlich, wenn es *keine* Täuschung sei, damals nicht dabeigeblieben war, sondern einen anderen Weg und *viele* andere Wege gesucht hatte. Hatte er etwa Angst gehabt vor diesem Zustand? War er vor der bereits erreichten Erleuchtung sozusagen davongelaufen, aus Furcht, sie nicht auszuhalten?

Aber selbst wenn es *damals* so gewesen wäre, wie war es denn jetzt? Buddha stellte sich die Gewissensfrage: »Sollte ich etwa jenes Glück jenseits der Wünsche und jenseits des Schlechten fürchten?« Und er kam zu dem Schluss: »Ich fürchte jenes Glück *nicht.*« Aber nun begann in gewisser Weise trotzdem alles wieder von vorn.

Das Fasten, das dem Buddha so förderlich schien, um ihn auf den Weg zur Erleuchtung zu bringen, kam ihm nunmehr völlig verkehrt vor. »Es ist nicht leicht, jenes Glück mit einem derart ausgemergelten Körper zu erreichen«, sagte er sich: »Auf denn, lasst mich feste Nahrung zu mir nehmen, Reis und Quark!« Und schon wurde aus dem asketisch fastenden ein lustvoll essender Buddha.

Dummerweise kamen nun aber gerade fünf Bettelmönche daher, die ebenfalls nichts anderes im Sinn hatten, als den Weg zur Erleuchtung zu finden. Sie hatten nicht geringe Strapazen auf sich genommen, um den Buddha aufzusuchen und von ihm zu lernen, was zu tun sei, und nun ertappten sie ihn dabei, wie er vor ihren Augen genüsslich mampfte – das durfte doch nicht wahr sein!

Wir können uns vorstellen, wie peinlich dies dem Buddha gewesen sein muss. Wir an seiner Stelle hätten uns bestimmt bemüht, sofort das Wort zu ergreifen und die scheinbaren Widersprüche aufzuklären. Mit ein wenig geschickter Rhetorik hätte es doch gelingen müssen, diesen Anfängern, diesen blutigen Laien, die noch nicht einmal so weit waren, richtig zu *fasten*, begreiflich zu machen, dass sie es hier mit einem Fortgeschrittenen zu tun hatten – mit einem Meister der Meditation, der schon so weit war, dass er *nicht mehr* fastete, sondern hemmungslos bechern und tafeln durfte.

Leider war Buddha mehr als zweitausend Jahre älter als Goethe und konnte daher dessen Schauspiel »Götz von Berlichingen mit der eisernen Hand« nicht kennen, sonst hätte er – zur lehrreichen Erbauung der fünf Bettelmönche – seine Verteidigungsrede in eigener Sache auch mit einem in dieser Situation besonders gut passenden »Götz«-Zitat eröffnen können – und den ohnehin schon reichlich verdutzten Adepten vielleicht noch zusätzlichen Stoff zur Irritation geliefert.

Buddha hätte nämlich aus dem kleinen Dialog zitieren können, den zwei Reichsknechte in Goethes »Götz« miteinander führen, als sie sich im Wald an einem Morast zufällig begegnen.

ERSTER KNECHT *Wo kommst du her?*
ZWEITER KNECHT *Vom nächsten Dorf. Ich hab unserm Offizier Wein und Brot geholt.*
ERSTER KNECHT *So, er tut sich was zugut vor unserm Angesicht und* wir *sollen fasten – schön Exempel!*

(Johann Wolfgang von Goethe)

Aber Buddha hatte leider keine Gelegenheit, seine Rede mit einem »Götz«-Zitat zu eröffnen. Es war schon zu spät. Die fünf waren bereits weg. Angewidert hatten sie den Rückzug angetreten, nachdem sie mit eigenen Augen dieses beschämende Schauspiel gesehen hatten: Der, den sie für stark gehalten hatten und von dem sie lernen wollten, wie sie ihren inneren Schweinehund überwinden könnten, war in Wirklichkeit schwächer als sie und hatte den Kampf mit dem eigenen Schweinehund nicht bestanden.

Aber Buddha wäre nicht Buddha, wenn er nicht gewusst hätte,

dass ein guter Asket auch mit einer solchen Situation fertig werden muss. Er ließ sich von der scheinbaren Blamage nicht ins Bockshorn jagen und ging den Weg, den er gehen musste, ungerührt weiter – Schritt für Schritt: von der ersten Stufe der Versenkung bis zur vierten und von der vierten wieder zur ersten, wie er Sariputta erzählte.

»Zu jener Zeit waren bei mir fünf Bettelmönche. Sie sahen auf mich und erwarteten, dass ich ihnen verkünde, welche Wahrheit ich erlangt hätte. Aber als ich Reis und Quark zu mir nahm, wandten sie sich mit Widerwillen von mir ab und sagten, Schwelgerei hätte mich in Besitz genommen, ich hätte den Kampf aufgegeben und sei zum Luxus zurückgekehrt. Nachdem ich so feste Nahrung gegessen und wieder Kräfte gewonnen hatte, trat ich in die erste Stufe der Versenkung ein und verweilte in ihr. Nacheinander trat ich in die zweite, dritte und vierte Stufe der Versenkung ein und verweilte in ihnen ...« (Texte aus: Mircea Eliade, Geschichte der religiösen Ideen in vier Bänden, © Verlag Herder, Freiburg 2002.)

Buddha macht weiter

Buddha machte also weiter, war bereit, wieder von vorn anzufangen und den ganzen Weg noch einmal zu gehen. Es gab keinen Stillstand, er blieb in Bewegung, der *Weg* war das Ziel seines Gehens.

»Jeder Mensch hat die Aufgabe, sein Leben bis in alle Einzelheiten so zu gestalten, dass es selbst der Betrachtung in seiner erhabensten und kritischsten Stunde standhält«, sagte der amerikanische Schriftsteller Henry David Thoreau (1817–1862), der nicht nur gegen Rassendiskriminierung war und für die Freiheit der schwarzen Sklaven in Amerika eintrat, sondern auch die

Freiheit und Unabhängigkeit jedes Einzelnen von gesellschaftlichen und kirchlichen Traditionen für erstrebenswert hielt, den zivilen Ungehorsam befürwortete und selber praktizierte – und dessen Ideen nicht zuletzt auch den ein Jahrhundert später lebenden Mahatma Gandhi (1869–1948) beeinflussten.

Für Thoreau war es ganz klar, welchen Weg er zu gehen hatte. Er wollte so naturverbunden leben wie möglich. In Walden Pond am Rand von Concord, Massachusetts, baute er sich mit eigenen Händen ein kleines Haus, in dem er immerhin zwei Jahre lang lebte und ein Leben in Freiheit und selbst gewählter Einsamkeit führte. Alle Arbeiten, die getan werden mussten, verrichtete er selbst und ernährte sich nur von dem, was die Natur anzubieten hatte.

»Ich zog in die Wälder«, schrieb dieser frühe Vorläufer der grünen Bewegung, »weil ich bewusst leben, mich nur mit den wesentlichen Dingen des Lebens auseinander setzen und zusehen wollte, ob ich das nicht lernen konnte, was es mich zu lehren hatte, um nicht auf dem Sterbebett einsehen zu müssen, dass ich nicht gelebt hatte. Ich wollte nicht *das* leben, was kein Leben war, denn das Leben ist zu kostbar; noch wollte ich Entsagung üben, wenn es nicht unumgänglich notwendig war.«

Wie die frühchristlichen Eremiten dem Handel und Wandel der Städte entflohen und in die menschenleeren Regionen Oberägyptens zogen, um dort als Einsiedler zu hausen, ein einfaches, bedürfnisloses Leben zu führen und in der selbst gewählten Beschränkung zum Wesentlichen zu finden, so zog es Thoreau in die Wälder. Und genauso, wie ehedem die Rat suchenden Neulinge, die von den schon erfahreneren »Wüstenvätern« wissen wollten, wie man's richtig macht, lediglich gesagt bekamen, ihr »Kellion« – das heißt ihre »Zelle«, also die vier Wände der

Höhle oder der primitiven Behausung, die sie als Einsiedler bewohnten – werde sie alles lehren, vertraute auch Thoreau darauf, dass ihn die Natur alles Nötige lehren werde.

Kaum verwunderlich, dass die wesentlichen und ursprünglichen Erfahrungen, die auf solche Weise gemacht werden, im Grunde immer dieselben sind – auch wenn es sich um Menschen unterschiedlicher Zeiten und ganz verschiedener Kulturen handelt.

Was das Fasten betraf, so war Thoreau durchaus dazu bereit, wenn es denn sein musste, aber er suchte es nicht mutwillig. Er war kein Fanatiker des Fastens, wie auch Buddha kein Fanatiker des Fastens war. Nur der Anfänger meint, das Fasten sei eine Art Sport, bei der es um Leistung, um stets zu steigernde Hochleistungen und Rekorde gehe. Aber der Fortgeschrittene weiß, dass Fasten kein »l'art pour l'art« ist: dass ein Fasten um des Fastens willen sinnlos, ja sogar kontraproduktiv ist, denn fasten heißt letztlich nichts anderes als richtig leben.

Die schlichte Aufforderung: »Mensch, du musst fasten!« könnte man demnach folgendermaßen übersetzen: »Du musst in dich hineinhorchen, du musst auf deinen Körper hören, der dir wichtige Dinge zu sagen hat; und du kannst darauf vertrauen, dass er weiß, was gut für dich ist. Es ist schon gut, wenn du Bücher liest und den Rat erfahrener Menschen suchst, aber die entscheidenden Informationen findest du in dir selbst. Dein Körper zeigt dir den Weg. Er wird dich alles Nötige lehren, du brauchst dich nur noch zu bemühen, in Einklang mit ihm zu leben!«

Henry David Thoreau hat den Einklang, zu dem er gefunden hat, und die Lehre, die er vom Leben empfangen hat, folgendermaßen beschrieben: »Ich fühle mich nur dann inspiriert, wenn es mein Körper auch ist. Auch er verachtet ein zahmes und gewöhnliches Leben. Es ist ein fataler Fehler zu meinen, dass man mit dem Geist streben und zugleich den Körper in Wollust und Trägheit versumpfen lassen kann. Der Körper ist der Erste, den die Seele bekehrt. Unser Leben ist lediglich die Seele, die sich an ihren Früchten, dem Leib, zu erkennen gibt. Die ganze Pflicht des Menschen kann in einem Satz ausgedrückt werden: Schaffe dir einen vollkommenen Leib.« (Aus: Henry David Thoreau: Leben aus den Wurzeln, © Verlag Herder, Freiburg, 2. Auflage 1998.)

7. Wenn zwei das Gleiche tun …

Buddha hat es getan, Jesus hat es getan, Helmut Kohl hat es getan. Aber wenn zwei oder drei oder viele das Gleiche tun, dann ist es noch lange nicht dasselbe.

Fasten hat viele Gesichter

Fasten ist ein alter religiöser Brauch, doch nicht jeder, der fastet, muss auch mit Religion etwas am Hut haben. Hungerkünstler tun es wegen des Showeffekts. Politische Gefangene setzen es als Druckmittel ein und Millionen von Armen in den Ländern der Dritten Welt bleibt gar nichts anderes übrig, als im Essen Zurückhaltung zu üben, weil sie nicht genug Nahrungsmittel haben, um sich satt zu essen – wie es im Meditationstext »Fastenzeit« von Gretl Zottmann sehr schön auf den Punkt gebracht wird.

Die Fastenzeit
früherer Christen
betrug vierzig Tage.
Jetzt reduziert auf
Aschermittwoch,
Karfreitag.
Die Buße erträglich,
Appetit nach dem Kehraus
gering – Freitag Seezunge
blau – das Osterfestmahl
in Sicht.

Die Fastenzeit
übergewichtiger Leute
schon härter:
ein Reistag,
ein Obsttag
pro Woche – der Linie
zulieb. Anstrengend,
aber es lohnt: Die Taille
beginnt sich zu formen,
die Mode der Gürtel
wird tragbar.

Die Fastenzeit
der Dritten Welt
ohne Begrenzung.
Hunger: Wiegengeschenk
für die Kinder,
Hunger: Lebensgefährte

der Mütter,
Hunger: ein Tod
mit Hyänengesicht.
Täglich Karfreitag
und keine Aussicht auf Ostern.

(Gretl Zottmann)

Das »Wunder von Lassing« nannten es die Medien, als im Sommer des Jahres 1998 nach dem Grubenunglück von Lassing in der Steiermark einer der 11 verschütteten Arbeiter lebend geborgen werden konnte. Der 27-jährige Georg Hainzl hatte in einem luftgefüllten Aufenthaltsraum des überfluteten Stollensystems in 60 Meter Tiefe überlebt. Zehn Tage lang hatte er in dem gerade zwei mal drei Meter großen Raum bei Finsternis, Kälte und Nässe höchst *unfreiwillig* gefastet.

Ob er denn in den schrecklichen 226 Stunden nicht wenigstens vom Wasser getrunken habe, das ihn umgab, wollten die Reporter wissen. »Nein, das Wasser wollte ich nicht trinken«, sagte der Bergmann. »Es ist furchtbar giftig, das weiß ich von den Sprengungen. Nach ein paar Tagen habe ich Halluzinationen gehabt, dass irgendwelche Wesen in der Wand sind und mir ein Glas Wasser reichen. Den Hunger habe ich unterdrückt.«

Die meisten Menschen halten es nicht einmal einen Tag lang aus, nichts zu essen, sondern verspüren bereits nach zwölf Stunden ohne Nahrung ein beträchtliches Unbehagen. *Hunger* eben, obwohl das »Hungergefühl«, das sich da meldet, in keinem Verhältnis steht zu den Gefühlen jener Menschen, die *tatsächlich* hungern und die – vor allem in Ländern auf der südlichen Halbkugel unseres Planeten – nach wie vor an chronischer Unterernährung leiden, mag auch durch international organisierte Hilfsprogramme und private Initiativen schon mehr als *ein* Tropfen auf den heißen Stein gefallen sein.

In der Klinik, im Gefängnis, im Fernsehen

Laut dem »Guinness Buch der Rekorde« betrug die längste Zeitspanne, die ein Mensch jemals ohne feste Nahrung zugebracht hat, 383 Tage. Ein damals gerade 25 Jahre alter und genau gewogene 214,1 Kilogramm schwerer junger Mann namens Angus Barbieri befand sich vom Juni 1965 bis Juli 1966 im Maryfield Hospital in Schottland und bekam dort lediglich Tee, Kaffee, Wasser und mit Vitaminen angereichertes Mineralwasser zu trinken. Sein Gewicht war nach einem Jahr und 18 Tagen auf 80,74 Kilogramm heruntergegangen.

Man kann es auch umgekehrt sagen: Um sich von einem so gigantischen Übergewicht auf ein erträgliches Normalgewicht herunterzuhungern, sind praktisch 13 Monate Nulldiät vonnöten. Es sieht also ganz so aus, als wären diverse viel versprechende und *viel zu viel* versprechende Diäten, bei denen die Fettpölsterchen angeblich in null Komma nix und gleich kiloweise nur so dahinschmelzen, mit dem Rechenstift eines Milchmädchens errechnet worden.

Rekordhalter in der Sparte *Hungerstreik* sind neun Insassen eines Gefängnisses in Cork in Irland. Sie haben ihre Aktion am 11. August 1920 begonnen und bis zum 12. November durchgehalten. Dieser Hungerstreik ist laut dem »Guinness Buch der Rekorde« der längste überprüfte Hungerstreik der Geschichte.

Rekordverdächtig sind vielleicht auch die Aktionen freiwilligen Fastens, mit denen Marco Pannella immer wieder auf sich auf-

merksam zu machen wusste. Die Medien hatten jedes Mal eine feine Story, über die sie berichten konnten, wenn der »Hungerkünstler der italienischen Politik«, wie man Pannella, den Gründer der Radikalen Partei in Italien, genannt hat, wieder einmal zu fasten anfing – sei es aus Protest gegen eine vermeintliche Benachteiligung seiner radikalen Bewegung im Fernsehen oder gegen die Regierung in Laos oder gegen den Hunger in der Welt.
Aber der Hunger nach Aufmerksamkeit, der in solchen Fällen Menschen zum *Fasten* bewegt, bewirkt in anderen Fällen – und wohl viel häufiger – das Gegenteil: Menschen verlieren nicht an Gewicht, sondern nehmen zu. Sie setzen »Kummerspeck« an, wie man so schön sagt.

Vom Hungerstreik zum Kummerspeck

»In jedem fetten Mann sitzt ein dünner gefangen, der mit wilder Zeichensprache darum bittet, herausgelassen zu werden.« – Dieses Aperçu von Cyril Connolly (1903–1974) hat der Schweizer Dichter Kurt Marti (Kurt Marti, Leichenreden. Mit einem Vorwort von Peter Bichsel © 1996, 2001, Verlag Nagel & Kimche AG, Zürich). als Motto für einen Text gewählt, in dem er von der Not eines »überaus dicken Mädchens« erzählt.

wer kennt schon
die not eines überaus dicken mädchens?

man sagt:
nun ja – doch sie hatte ein gutes herz

stets braucht die gesellschaft
dicke mädchen mit guten herzen
in heimen spitälern kantinen
in fabriken geschäften büros

doch manchmal
möchten auch ihre herzen
verrückt und geliebt
statt immer nur gut sein

dann träumen sie liebe
in wetterleuchtenden farben
liebkosen den einsamen körper
abends im traurigen bett
mit den fühlsamen händen
des zärtlich erdachten freunds

später verschließen sie
solche träume tief in ihre enttäuschung
und versuchen so tapfer als möglich
gut und gütig zu bleiben
statt böse und bitter zu werden

doch wer kennt schon
die heimlichen kämpfe
der überaus dicken mädchen
die man zur rolle bestimmt hat
gut und selbstlos zu sein?

ach wäre ein gott
ach wäre ein gott
der fleisch wird im fleisch
eines überaus dicken mädchens

(Kurt Marti)

Der unverzichtbare Verzicht

Wie leicht ist es zu sagen: »Da muss man eben fasten!« Und wie schwer ist es, tatsächlich zu fasten und das Fasten auch durchzuhalten. Und doch spüren wir innerlich: Dieser Verzicht, der uns so schwer fällt, ist *unverzichtbar*. Ohne Fasten wird es nicht gehen; ohne Fasten geht es in die verkehrte Richtung mit uns weiter.

»Faste, wenn du siegen willst!«, sagte Ambrosius (339–397), der berühmte Bischof von Mailand, der ein so großes Rednertalent war, dass sogar ein ebenfalls nicht ganz unbegabtes Rednertalent – ein junger Professor für Rhetorik namens Augustinus – zu seinen Predigten pilgerte, um sich von der ambrosianischen Redekunst eine Scheibe abzuschneiden. Dies sollte zu dem höchst folgenreichen Beginn einer großen Freundschaft mit dem Christentum werden.

Aurelius Augustinus (354–430), der vorher der Sekte der Manichäer anhing, wurde einer der größten abendländischen Kirchenlehrer; und das Fasten kannte er natürlich ebenfalls nicht nur aufgrund der Lektüre von Fachliteratur.

Von ihm stammt ein berühmtes Wort, mit dem er sich selbst Mut zugesprochen hat: »Konnten es diese, konnten es jene – warum nicht auch du, Augustinus!?« Dieser Spruch ist zwar auf die Bekehrung im Allgemeinen gemünzt, könnte aber durchaus auch für solche, die zum Fasten entschlossen sind, zu einem kleinen Haltegriff moralischer Aufrüstung werden.

»Faste, wenn du siegen willst!« – Das Schöne an diesem lapidaren Wort aus dem Munde des heiligen Ambrosius über das Fasten ist, dass es für beide Arten von Fasten gilt: für das medizinische wie für das religiöse.

Für den Übergewichtigen heißt es: Du willst dein Übergewicht besiegen? Faste und du wirst abnehmen; ohne Fasten wird es dir nicht gelingen!

Und für den, der auf der spirituellen Suche ist, heißt es: Du willst Gott finden? Dazu musst du zuerst mit dir selber ins Reine kommen. Faste nur und du wirst schon sehen, was passiert! Du wirst loslassen lernen; dein Fasten wird ein körperliches und ein geistiges Loslassen sein. Faste und du wirst siegen – nicht nur dein Übergewicht wirst du besiegen, sondern auch den Geist der Schwere. Deine seelischen Verkrampfungen werden sich ebenso auflösen wie die Fettpolster an deinem Körper!

Solche und solche

Menschen, die fasten, zerfallen nicht nur in solche, die aus religiösen, und solche, die aus gesundheitlichen Gründen fasten. Auch innerhalb der *religiös* Motivierten gibt es solche und solche. Die einen fasten, um sich »abzutöten«, und je mehr Pein ihnen ihr Fasten bereitet, umso Gott wohlgefälliger erscheint ihnen, was sie tun. Die anderen hingegen schränken sich ein in Speise und Trank, um die Schranken ihres Ichs zu öffnen und in den Zustand beseligender Vergeistigung zu geraten.

Nicht anders verhält es sich bei denen, die aus *nichtreligiösen* Motiven fasten, die also »lediglich« um des Abspeckens willen bemüht sind, die Nahrungszufuhr auf Halbmast zu setzen.

Auch bei ihnen gibt es solche und solche. Die einen sparen sich voller Verbissenheit jeden Bissen vom Mund ab, um ein paar Kilo weniger auf die Waage zu bringen. Die anderen hingegen proben lächelnd die Leichtigkeit des Seins und schmelzen scheinbar mühelos dahin.

Falls auch wir zu denen gehören, die sich entschlossen haben, mit dem Fasten ernst zu machen, oder zumindest ernsthaft vorhaben, diese altbewährte menschliche Praxis nicht bloß vom Hörensagen kennen zu wollen, sondern sich auch zu bemühen, persönliche Erfahrungen damit zu machen – nun ja, vielleicht nicht gleich jetzt, nicht schon heute und natürlich auch nicht unbedingt schon morgen oder nächste Woche, wo noch ein paar Feten zu feiern sind, aber doch sicherlich bald, spätestens nach Neujahr, und wenn nicht, dann ganz bestimmt am Aschermittwoch! –, dann wird sich auch für uns die unvermeidliche Gretchenfrage stellen: Zu welchem Typ von Fastenden werden wir gehören?

Wird uns die Euphorie des Begonnenhabens so weit beflügeln, dass wir in unserem löblichen Tun tatsächlich heiter und fröhlich über den Dingen schweben? Oder werden wir uns eher als düstere Finsterlinge entpuppen, die nicht nur nicht abheben und emporschweben können, sondern die durch das Fasten an Erdenschwere noch zunehmen? Werden wir zu guter Letzt noch viel lustloser dahinvegetieren als vorher, weil wir uns nur noch von Verboten umgeben glauben und unser Leben als eine einzige große Einschränkung empfinden?

Wohlgemerkt: Die Frage lautet nicht, zu welchem Typ wir gehören *möchten*, sondern zu welchem Typ wir schließlich gehoren *werden*. Gute Vorsätze zu haben ist leicht, aber mit den guten Vorsätzen allein ist es leider nicht getan. Der Mensch ist bekanntlich nicht nur ein des Idealismus fähiges und zu hohen Idealen berufenes Wesen, sondern er kann ebenso sehr – wenn nicht in noch weit höherem Maße – als ein Wesen definiert werden, das zur Inkonsequenz neigt und der Inkonsequenz nur allzu leicht nachgibt.

Mit anderen Worten: Wenn wir mit dem Fasten beginnen, genügt es nicht, dass wir uns darüber freuen, den ersten Schritt getan zu haben. Wir müssen auch sehen, wie es weitergeht: ob der nächste Schritt, den wir tun, ein Fortschritt oder ein Rückschritt ist. Zwar sagt das Sprichwort, dass aller Anfang *schwer* ist, doch ist auch das Gegenteil wahr: Anfangen ist eigentlich ganz leicht, aber das Weitermachen, das Durchhalten ist das Problem.

Gut möglich, dass die Frage, auf welcher Seite wir stehen, gar nicht so eindeutig zu beantworten ist, wie wir es gerne hätten. Höchstwahrscheinlich ist damit zu rechnen, dass wir beides *gleichzeitig* sein werden: sowohl Idealisten als auch Verräter unserer Ideale, nicht nur himmelhoch jauchzend, sondern auch zu Tode betrübt, begeisterungsfähig und aufs höchste begeistert – und doch schon im nächsten Augenblick wieder von allen guten Geistern verlassen.

Steine schleppen …

Was Michail Gorbatschow seinerzeit über Glasnost und Perestroika sagte, hat zwar nicht unmittelbar mit dem Fasten zu tun, aber das alte Gleichnis, das der um eine Reform des Sozialismus bemühte Kreml-Chef damals in seiner berühmten Rede zitiert hat, illustriert genau die Problematik, mit der wir es hier zu tun haben.

Alles, was wir tun, kann verschieden interpretiert und bewertet werden. Dazu gibt es eine alte Geschichte.
Ein Reisender trifft ein paar Leute, die ein Bauwerk errichten, und fragt einen nach dem anderen: »Was baut ihr da?« Einer antwortet: »Siehst du denn nicht, von morgens bis abends schleppen wir diese verdammten Steine …« Ein anderer erhebt sich von den Knien, wirft sich stolz in die Brust und sagt: »Schau, wir bauen einen Tempel!«

(Michail Gorbatschow)

Natürlich sei es eine sehr schwierige Aufgabe, ein so komplexes Gebilde wie ein staatliches und gesellschaftliches System zu reformieren, räumte Michail Gorbatschow ein, aber das Ziel sei der Anstrengung wert, sagte er in seiner Rede zur Perestroika.
»Wenn man ein großes Ziel vor Augen hat – einen strahlenden Tempel auf einem grünen Hügel –, dann werden die schwersten Steine leicht, die anstrengendste Arbeit wird zum Vergnügen.«
Wenn zwei das Gleiche tun, dann ist es noch lange nicht dasselbe, haben wir gesagt. Es kann aber auch sein, dass zwei ganz unterschiedliche Leute, die von ganz anderen Denkansätzen herkommen, dieselbe Wahrheit zu sagen vermögen.
Bezeichnend ist es ja schon, dass Gorbatschow als oberster Repräsentant eines offiziell auf Atheismus eingeschworenen ideologischen Systems ausgerechnet ein *religiöses* Gleichnis zu Hilfe nahm, um sein Programm einer moralischen Aufrüstung verständlich und plausibel zu machen. Aber wem Michail Gorbatschow vielleicht aus dem einen oder anderen Grund suspekt ist, der kann sich dasselbe auch von einem

anderen sagen lassen – von einem Mann, der zu einer ganz anderen Zeit und in einer ganz anderen Gesellschaft gelebt hat.

... aber mit leuchtendem Gesicht

Vom romantischen Dichter Anastasius Grün (1806–1876) stammt das kleine Gedicht »Zwei Wanderer« (in: Gesammelte Werke, Bd. 2, Berlin 1877, 126). Wie in dem Gleichnis vom Tempelbau, wo zwei Arbeiter, die miteinander und nebeneinander genau das Gleiche tun, ihre Arbeit und vor allem den Sinn ihrer Arbeit ganz unterschiedlich erleben und bewerten, porträtiert auch Anastasius Grün zwei Menschen, die ein und dieselbe Sache tun, sie aber völlig unterschiedlich erleben und bewerten. Übrigens hatte der Autor dieses Gedichts – ein österreichischer Adeliger namens Anton Alexander Graf von Auersperg, der seine literarischen Erzeugnisse unter dem Pseudonym »Anastasius Grün« unter die Leute zu bringen pflegte – mit Gorbatschow immerhin so viel gemeinsam, dass auch er sich in professioneller Weise politisch betätigte. Er war nämlich eine Zeit lang in Wien Parlamentsabgeordneter.

Zwei Wanderer zogen hinaus zum Tor,
zur herrlichen Alpenwelt empor.
Der eine ging, weil's Mode just;
den anderen trieb der Drang in der Brust.

Und als daheim nun wieder die zwei,
da rückt die ganze Sippe herbei,
da wirbelt's von Fragen ohne Zahl:
»Was habt ihr gesehen? Erzählt einmal!«

Der eine darauf mit Gähnen spricht:
»Was wir gesehen? Viel Rares nicht!
Ach, Bäume, Wiesen, Bach und Hain
und blauen Himmel und Sonnenschein!«

Der andere lächelnd dasselbe spricht,
doch leuchtenden Blicks, mit verklärtem Gesicht:
»Ei, Bäume! Wiesen! Bach und Hain
und blauen Himmel und Sonnenschein!«

(Anastasius Grün)

Das wahrhaft Verblüffende an diesem kleinen Gedicht ist, dass die beiden Wanderer ihre völlig gegensätzlichen Erlebnisse und Erfahrungen mit exakt den gleichen Worten schildern. Sie sagen dasselbe, meinen aber ganz etwas anderes. Und wenn wir daraus eine Nutzanwendung hinsichtlich des Fastens ziehen wollen, so wäre es die folgende.

Ich habe mich zu fragen: Könnte es nicht sein, dass es gar nicht am Fasten, sondern an mir und meiner Einstellung liegt, wenn ich das Fasten als etwas Lästiges erfahre, als etwas Einschränkendes und Beengendes – als etwas, das mich niederdrückt und zu Boden zieht, statt mich zu befreien und emporzuheben?

Was bedeutet »Alazm«?

»Augen zu, Mund auf!«, pflegt ein Erwachsener zu sagen, wenn er ein Kind mit einer besonderen Süßigkeit überraschen möchte, das Kind aber – damit die Spannung wächst und die Freude hinterher umso größer ist – vorher noch nicht wissen darf, um was es sich handelt, sondern erst über die Ge-

schmackswahrnehmung erfährt, welche Köstlichkeit ihm in den Mund gesteckt wurde.
Wie wir auf unserem kleinen Streifzug durch die Kulturgeschichte schon bei Jeremias Gotthelf gesehen haben, ist es nicht unbedingt von Vorteil, wenn Kinder solche Zuwendungen nur allzu bereitwillig über sich ergehen lassen. Aber davon abgesehen: Beim Fasten sollte es *gerade umgekehrt* sein. Hier sollte gelten: »Mund zu, Augen auf!« Geschlossenen Mundes und wachsamen Auges soll man fasten.
Bei Ibn Abd Rabbih al-Andalusi (860–940), einem Dichter, der in der Zeit des frühen Mittelalters lebte und dem islamischen Kulturkreis angehörte, kann man lesen, dass man mit dem geschlossenen Mund auch noch etwas anderes höchst Gesundheitsförderliches tun kann als fasten: nämlich schweigen.
Man könnte vielmehr sogar sagen, dass auch das Schweigen eine Form heilsamen Fastens ist.

> *Als einst der Kalif den berühmten Arzt Harith fragte: »Was ist die Grundlage jeglicher Kunst, Krankheiten zu heilen?«, antwortete dieser: »Alazm«.*
> *Was bedeutet »Alazm«?, fragte der Kalif.*
> *»Es bedeutet«, erwiderte Harith, »die Lippen zu schließen und den Gliedern Ruhe zu gönnen.«*
>
> (Ibn Abd Rabbih al-Andalusi)

Was bisher geschah:

Nicht viel, aber doch schon einiges. Wir haben eine kleine Rundschau zum Thema Fasten unternommen.

- *Wir haben gesehen, was für ein Wert dem Fasten sowohl in gesundheitlicher wie in spiritueller Hinsicht beigemessen wird, und zwar von ganz unterschiedlichen Leuten.*
- *Wir haben aber auch die Kehrseite gesehen: Wie falsch es ist, wenn das Fasten verabsolutiert wird, wenn mit verbissenem Fanatismus gefastet wird oder wenn das Fasten gar als Mittel zur Unterdrückung anderer missbraucht wird.*
- *Wir haben erfahren, wie es einem Buddha, einem Thoreau oder den christlichen Asketen in der Wüste ergangen ist. Dabei ist uns bewusst geworden, dass es beim Fasten um mehr geht als um Maßnahmen zur Reduktion von Übergewicht.*

Insgesamt haben wir uns bisher allerdings bloß theoretisch mit dem Thema beschäftigt. Sich über das Fasten informieren heißt noch nicht fasten.

Wie geht es weiter?

Die entscheidende Frage wird also sein, ob es einen stichhaltigen Grund gibt, warum wir selber fasten sollten, oder ob wir das Fasten getrost den anderen überlassen können – denen, die es nötiger haben als wir oder denen es mehr Spaß macht als uns.

Zweites Kapitel

Davon geht die Welt nicht unter

oder:

Warum sollte ich fasten?

Ach, der Tugend schöne Werke,
immer möcht ich sie erwischen;
doch ich merke, doch ich merke:
Immer kommt mir was dazwischen.

Wilhelm Busch (1832–1908)

1. Der Schweinehund grinst

In der Zeit des Kalten Krieges, als Europa vom »Eisernen Vorhang« durchschnitten wurde, lebte im Ostblock – irgendwo in einem der Länder, die vom Kommunismus beherrscht wurden – ein römisch-katholischer Priester. Nennen wir ihn Hans. Hans war nicht nur Priester, sondern auch Musiker. Das heißt, er tat nicht nur als Seelsorger Dienst, sondern hatte auch seine *zweite* Berufung zu seinem Beruf gemacht. Er führte sozusagen eine Art Doppelleben. Auf der einen Seite stand er am Altar, hörte Beichten, taufte Kinder und hielt Begräbnisse, auf der anderen erteilte er Musikunterricht, leitete einen Chor und stand hin und wieder auch am Dirigentenpult, um ein kleines Konzert aufzuführen.
Eines Tages hatte Hans ein Erlebnis, das ihn wie ein Blitz aus heiterem Himmel traf.

Ein Blitz aus heiterem Himmel

Man muss wissen, dass Hans, um sich weiterzubilden, regelmäßig in die Hauptstadt seines Landes fuhr. Tagsüber nahm er an Lehrveranstaltungen der Musikakademie teil, abends besuchte er die Oper oder ging in ein Konzert. Da es am späten Abend keinen Zug mehr gab, mit dem er hätte heimreisen können, pflegte er in solchen Fällen in der Hauptstadt zu übernachten und am anderen Morgen in aller Herrgottsfrüh nach Hause zu fahren.

Hans stieg immer im selben billigen Hotel ab, ein besseres konnte er sich nicht leisten, und als Stammgast bekam er fast immer dasselbe Zimmer. Eines schönen Abends, als er – innerlich noch in herrlichen Orchesterklängen schwelgend – die Treppe hochstieg und sein Zimmer aufsperren wollte, merkte er, dass die Tür offen war. Hans erschrak. Waren Einbrecher da gewesen? Doch was hätten sie schon stehlen können außer frischer Unterwäsche, einigen Noten und ein paar Büchern.

Es dauerte keine fünf Sekunden, bis Hans merkte, dass tatsächlich Einbrecher da waren. Sobald der Lichtschalter angeknipst war, zeigte sich, dass das Bett, in das sich der Priester und Musiker in Kürze legen wollte, nicht leer war. Auf der Zudecke räkelte sich verführerisch lächelnd eine Gestalt, die Hans zwar völlig unbekannt war, die er aber selbst dann noch unzweideutig dem weiblichen Geschlecht zugerechnet hätte, wenn sie nicht in Evas Kostüm gekleidet gewesen wäre.

Hans hatte keine Zeit, sich zu überlegen, wie er jetzt reagieren sollte, denn was nun geschah, war die Sache von Sekunden. Die fremde nackte Dame erhob sich vom Bett, ging zielstrebig auf den verdutzten Geistlichen zu, legte ihre Arme um ihn – und aus dem Andante ma non troppo begann ein Furioso zu werden.

Dem im Zölibat lebenden Mann wurde heiß und kalt, als er die wilden Küsse spürte, mit denen ihn dieses weibliche Wesen, das er noch nie in seinem Leben gesehen hatte, zu bearbeiten an-

fing. War dies ein Blendwerk des Satans? Oder war gar Satan höchstpersönlich in dem drittklassigen Hotel abgestiegen? Sollte man nicht ein Stoßgebet zum Himmel schicken oder wenigstens rufen: »Da soll doch der Blitz dreinfahren!«
Doch der fromme Wunsch war völlig überflüssig. Der Blitz war schon da. Es waren gleich mehrere Blitze auf einmal. Und als sich die Augen des Priesters von der unerwarteten Helligkeitsattacke erholt hatten, sah er auch den Mann mit dem Fotoapparat, der vorher hinter dem Vorhang versteckt gewesen sein musste.
Hans war Musiker, Hans war Geistlicher, aber Hans war kein Naivling. Er begriff sofort. Diese Nummer war nicht von Satan, sondern von Satans Spießgesellen eingefädelt worden. Kein Mensch im ganzen Land, nicht einmal seine geistlichen Mitbrüder, geschweige denn die Leute im Vatikan, würden ihm glauben, wenn er sagen würde, wie es wirklich war: dass er die unbekleidete Weibsperson, mit der er da eng umschlungen auf diesen Fotos zu sehen war, weder kannte noch je mit ihr etwas hatte. Angesichts eines so schlagenden Beweises gab es keinen Gegenbeweis.
Wir werden also nicht dreimal raten müssen, wie die Antwort von Hans ausfiel, als der Mann vom Geheimdienst nicht lange fackelte, sondern dem Priester – während nebenan die plötzlich recht cool gewordene Lady gelassen ihren Büstenhalter umlegte und in ihre Klamotten schlüpfte – die Frage stellte, ob er bereit wäre, sich von der regionalen Abteilung der Firma Horch & Guck als inoffizieller Mitarbeiter anheuern zu lassen, um hinfort Informationen aus dem Innenbereich der Kirche zu liefern.
Der Führungsoffizier brauchte gar keinen Satz zu sagen, der mit »widrigenfalls« begann. Hans wusste auch so, dass er jetzt live

erlebte, wovon er sonst nur gerüchteweise gehört oder in Kriminalromanen gelesen hatte: Man machte ihm ein Angebot, das er nicht ablehnen konnte.
Dem Priester war bewusst, was ihm blühen würde, falls er den Versuch machen würde, *trotzdem* abzulehnen. Er wäre für immer erledigt gewesen! Also willigte er ein und sagte ja – um von nun an etwas zu tun, das gegen seine innersten Überzeugungen verstieß; etwas, das er immer abgelehnt hatte und von dem er nie im Leben geglaubt hätte, dass er fähig wäre, es zu tun.
Die geistlichen Mitbrüder von Hans, die trotz seiner raffinierten Tarnbemühungen früher oder später doch herausbekamen, welches Doppelleben er führte, konnten sich nicht erklären, wie ihr Kollege dazu gekommen sein mochte, für die andere Seite zu arbeiten. »Da muss wohl irgendeine Art von Gehirnwäsche stattgefunden haben«, meinten sie.

Kopfschütteln mit Knigge

»Wir sehen die klügsten, verständigsten Menschen im gemeinen Leben Schritte tun, wozu wir den Kopf schütteln müssen«, schreibt Adolph Freiherr von Knigge (1752–1796) in seiner berühmten Benimmbibel »Über den Umgang mit Menschen«. Nicht zuletzt im Hinblick auf Themen wie ungesunde Ernährung, kontinuierlichen Erwerb von Übergewicht und zu guter Letzt angestrengtes Bemühen um Reduzierung des Übergewichts durch eine Fastendiät nach der anderen werden wir Knigge nur voll und ganz beipflichten können – auch wenn wir dabei oft genug über uns selber und über unser eigenes Verhalten den Kopf schütteln müssen.
Gerade in der Art, wie wir uns ernähren, und nicht minder in der Art, wie wir abzunehmen versuchen, tun wir manchmal

Dinge, die genau genommen gegen alle Vernunft sind, die letztlich gegen unsere innersten Überzeugungen verstoßen, die wir theoretisch eigentlich immer abgelehnt haben, aber die zu tun wir bedauerlicherweise *doch* fähig sind.

»Es liegt in der menschlichen Natur, vernünftig zu denken und unvernünftig zu handeln«, sagte der französische Schriftsteller und Nobelpreisträger Anatol France (1844–1924) sehr treffend. Wir brauchen also gar nicht verwundert zu sein, sondern sollten es einfach nüchtern zur Kenntnis nehmen: Es ist so, es war schon immer so und es wird auch weiterhin so sein, dass der Mensch nicht so konsequent ist, wie er gern wäre. Wir können es an uns selbst erleben und *haben* es schon oft genug erlebt, wie wir in Fragen der Diät zwar bestens Bescheid wissen und von der Vernunft her ganz genau sagen können, was getan werden müsste, es aber dann trotzdem nicht oder nur halbherzig tun.

Seltsam, aber wahr: So gut berechnend und klug planend wir Menschen sein können, wenn es z. B. gilt, ein Haus zu bauen, eine Brücke zu konstruieren oder eine Geburtstagsparty vorzubereiten – wenn es das Wohl oder Wehe unseres Bauches betrifft, reagieren wir eher »aus dem Bauch heraus«. Das heißt, wir folgen nicht der Vernunft, sondern unseren Gefühlen – wobei diese Gefühle im wahrsten Sinne des Wortes *unberechenbar* sind. Sie erscheinen uns unheimlich und bedrohlich, weil sie sich einer rationalen Kontrolle entziehen und sich daher nicht oder nur sehr begrenzt mit der Willenskraft beherrschen lassen.

Das kann so weit gehen, dass sich ein Mensch wie ferngesteuert vorkommt; dass er den Eindruck hat, von dunklen dämonischen Mächten besetzt zu sein, und dass er vor ihnen eine höllische Angst hat – obwohl ihm auf der anderen Seite seine Vernunft sagt, dass die unheimlichen Mächte, die in ihm ihr Unwesen treiben, keine Gespenster sind, sondern dass hier lediglich bestimmte biochemische Prozesse im Körper ablaufen, die seine Befindlichkeit beeinflussen.

Nehmen wir nur den berühmten »Heißhunger« auf Schokolade, der in Wirklichkeit gar kein Hunger ist, sondern ein Signal des Körpers, der dringend verlangt, einen bestimmten Botenstoff ins Gehirn schicken zu können, damit er Wohlbefinden erzeugt. Da mag die Vernunft hundertmal sagen: »Lass das Schokoladenzeug im Stanniolpapier! Iss was Besseres als solche ungesunden Kalorienbomben, gebastelt aus Fett und Zucker!« Der Bauch ist der Stärkere. Er weiß, wie er zu seinem Recht kommt, hat er doch bereits im Paradies der Kindheit gelernt, an welchen Bäumen die Früchte wachsen, die den Serotoninstoffwechsel anregen. Und der Bauch wäre kein Bauch, sondern ein Deserteur, wenn er plötzlich zur Vernunft kommen würde und ein Einsehen hätte. Er hat *kein* Einsehen, sondern macht es wie der April: Er tut, was *er* will.

Was kann man in so einer Situation tun? Gibt es eine Möglichkeit, den Stärkeren dennoch zu bezwingen? Lassen sich die vermeintlichen »Dämonen«, diese Plagegeister, die den Menschen nicht tun lassen, was er wirklich will, irgendwie austricksen? Oder hat die Vernunft, weil schließlich die Klügere nachgibt, immer das Nachsehen?

Ein täglicher Krieg mit dem Fasten

»Ich will vernünftig sein und fasten, aber irgendetwas in mir sagt andauernd: Njet!« – Diese Situation war auch einem Mann wie Aurelius Augustinus nicht unbekannt.

Der prominente Bischof und Kirchenlehrer hat sich erst in reiferen Jahren zum Christentum bekehrt. Über die Wege und Irrwege seines Lebens wissen wir sehr gut Bescheid, weil er sich die Mühe gemacht hat, sie für die Nachwelt aufzuschreiben. Seine autobiografische Schrift mit dem Titel »Bekenntnisse« ist in Form eines Gebets abgefasst. Man kann also, wenn man so will, diese Aufzeichnungen auch als einen langen Brief an den lieben Gott bezeichnen.

Augustinus erzählt Gott und den Lesern seiner »Bekenntnisse« unter anderem auch von den Erfahrungen, die er mit dem Fasten gemacht hat. Minutiös beschreibt er, wie er dabei täglich mit seinem inneren Schweinehund zu kämpfen hatte. Er sieht sich in der Rolle eines Soldaten, der eine vom Feind eroberte Festung zurückerobern muss: »Täglich führe ich Krieg mit mir durch Fasten und oftmals zwinge ich meinen Leib ins Joch. Doch immer noch ist es mir eine Lust, die Schmerzen des Hungers zu verscheuchen. Du, Herr, hast mich gelehrt, die Speisen nur wie eine Arznei zu mir zu nehmen. Aber in dem Augenblick, da ich von der Unruhe des Hungers zur Ruhe der Sättigung übergehe, bedroht mich die Begierlichkeit mit ihren Schlingen. Denn gerade dieser Übergang verursacht ein Lustgefühl und doch gibt es keinen anderen Übergang zu dem, was unsere Natur gebieterisch verlangt.«

Der in Rhetorik geschulte Bischof von Hippo war es gewohnt, sich in der philosophischen Sprache auszudrücken, die die Intellektuellen seiner Zeit sprachen. Aber wenn er es auch ein wenig umständlich sagt und alles ein wenig gestelzt klingt – es ist nicht schwer zu verstehen, was er meint: Das Essen schmeckt ihm einfach so gut, dass er mehr essen möchte, als er eigentlich essen sollte.

»Zweck des Essens und Trinkens ist die Gesundheit, doch gesellt sich ihr als Begleiter die gefährliche Lust; ja, meist eilt sie ihr sogar voran, so dass aus Lust geschieht, was ich nach meiner Behauptung und nach meinem Willen nur der Gesundheit wegen tue. Aber in beiden Fällen kommt nicht das gleiche Maß zur Anwendung. Denn was der Gesundheit schon genug ist, ist der Lust noch zu wenig und oft ist es ungewiss, ob die notwendige Sorge für den Leib noch weitere Nahrung heischt oder ob bereits täuschende Begierde lüstern bedient sein will.« (Augustinus, Aurelius: Bekenntnisse, Bibliothek der Kirchenväter 18, Kempten, München 1914).

Der Schlendrian setzt sich durch

Der Widerspruch zwischen dem, was einer tun *will*, und dem, was er dann tatsächlich *tut*, ist schon oft beschrieben worden, zum Beispiel vom Apostel Paulus in jener berühmten Stelle im Römerbrief: »Ich unglücklicher Mensch! Wer wird mich aus diesem dem Tod verfallenen Leib erretten?« (Röm 7,24) Hierin ist Augustinus also keineswegs originell. Großartig und unnachahmlich ist jedoch, wie er mit psychologischem Feingefühl die mit diesem Widerstreit verbundenen Züge von Selbstbetrug und verlogener Selbstrechtfertigung aufdeckt.

»Über solche Ungewissheit *freut* sich dann die unglückliche Seele und heuchelt eine Entschuldigung, froh darüber, dass es nicht genau feststeht, wie viel die Maß haltende Sorge für die Gesundheit erfordert, um so hinter dem Vorwand der Sorge für die Gesundheit das Treiben der Lust zu verhüllen. Doch täglich trachte ich, gegen solche Versuchungen anzukämpfen.«

Bewundernswert ist auch das hohe Maß an Selbstkritik, das Augustinus besaß. Dieser Mann wiegt sich nicht in falscher

Selbstsicherheit. Er meint nicht, weil er nun ein Zipfelchen des Problems aufdecken konnte, habe er bereits alles durchschaut. Demütig sagt er es in Gebetsform: »Ich trage dir meine Beängstigungen vor, weil ich mir in dieser Sache noch nicht ganz im Klaren bin.«

Und er weiß auch, dass das Erkennen des Problems noch nicht bedeutet, dass er das Problem für sich selber gelöst und bewältigt hätte: »Ich muss die Zügel meines Gaumens bald maßvoll etwas lockern, bald straffer anziehen. Und wer ist es, Herr, der sich nicht zuweilen um ein Kleines über die Grenzen der Mäßigkeit fortreißen ließe? Gibt es einen solchen, so ist er groß und er möge dafür deinen Namen preisen. Ich bin es wahrlich nicht. Ich bin ein sündiger Mensch.«

Runter damit!

Hand aufs Herz: Wenn sogar ein großer Heiliger zugeben muss, dass er den Idealen, die er hat, nicht immer gerecht wird, ja dass es fraglich ist, ob er sie überhaupt jemals erreichen wird, und dass er am Ende ein »sündiger Mensch« ist wie wir alle, welcher Funke Hoffnung bleibt dann für uns normalsterbliche Menschen, im täglichen Kampf mit uns selbst nicht pausenlos zu unterliegen?

Setzt sich am Ende immer nur der Schlendrian durch? Ist er es, der immer gewinnt – so, wie beim Roulette zuletzt immer die Bank die Gewinnerin ist, von jenen höchst seltenen Fällen abgesehen, in denen ein Spieler ausnahmsweise das Glück hat, die Bank zu sprengen?

Geht es allen Freunden des Fastens wie Buddha, der am Ende wieder von vorn anfangen muss? Oder wie Faust, der alles, was man wissen kann, weiß, aber am Ende »genauso klug als wie zuvor« dasteht?

Macht es jeder, der fasten will, wie der Sisyphos der griechischen Sage, den Albert Camus (1913–1960) einen Helden des Absurden genannt hat: Mit vollem Einsatz aller Kräfte rollt er stöhnend und schwitzend einen großen Stein den Berg hinan, doch wenn er oben angelangt ist und meint, jetzt habe er es endlich geschafft, macht sich der verdammte Stein selbständig und kollert holterdiepolter zu Tal und die ganze Mühsal beginnt wieder von vorn!

Gibt es nur das Perpetuum mobile eines permanenten Jo-Jo-Effekts: ein ständiges Auf und Ab, eine ewige Wiederkehr von Abnehmen und Zunehmen?

Mein besseres Ich und mein innerer Schweinehund benehmen sich wie die beiden Wanderer im Gedicht von Anastasius Grün: Sie sagen dasselbe, meinen aber ganz etwas anderes.

> *Das einsichtige Ich hat gesehen, dass die Waage im Badezimmer schon wieder eine Erhöhung des Übergewichts anzeigt, und beschließt ganz energisch:*
> *»Runter damit!«*
> *Der innere Schweinehund hört es, blickt grinsend auf den vollen Teller und sagt ebenfalls:*
> *»Runter damit!«*

Der Fernsehmoderator Robert Lembke (1913–1989) hat einmal gesagt: »Die unbequemste Art der Fortbewegung ist das In-sich-Gehen.« Aber wie unbequem auch immer es sein mag, es *muss* sein. Anders geht es nicht. Es gibt keinen anderen Weg, um den Kampf mit dem Feind, der in mir selber haust, zu bestehen. Gutes Zureden nützt nichts, denn auf vernünftige Argumente hört der innere Schweinehund nicht. Ich kann ihm hundertmal sagen: »Das, was *du* willst, lieber Freund, führt zu nichts Gutem. Das, was dem Gaumen schmeckt, ist nicht das, was der Körper braucht. Die Laborwerte, die mir der Arzt vor die Nase hält, beweisen es schwarz auf weiß.« Er wird trotzdem tun, was er immer getan hat: business as usual.

Appelle an die Vernunft führen nicht zum Ziel. Sie bewirken vielleicht, wenn ich Glück habe, eine kleine Gefechtspause, die ich nicht mit einem Sieg verwechseln darf. Über kurz oder lang wird mir mein innerer Schweinehund schon zeigen, wer wirklich der Herr in meinem Haus ist. Aber ich darf trotzdem nicht aufgeben. Es wäre doch gelacht, wenn ich nicht imstande wäre, das zu tun, was ich will!

2. Wo kein Wille, da kein Weg

»Ich will doch gar nicht – und warum sollte ich etwas tun, was ich gar nicht will!?« Mit diesem Satz habe ich es seinerzeit geschafft, mit dem Rauchen aufzuhören, und da es schon lange genug her ist, seit meine letzte Zigarette verglüht ist, kann ich auch sagen: mit Erfolg. Ich muss allerdings hinzufügen: Ich habe selber gestaunt, dass das funktioniert hat.

Ohne mit den »Bekenntnissen« von Augustinus wetteifern zu wollen, muss ich an dieser Stelle von meinen eigenen Erfahrungen berichten. Einfach deswegen, weil ich keine anderen Beweise habe, um darzutun, dass meine Ansichten Hand und Fuß haben. Wer mein Buch liest und sieht, dass hier kein Blinder von den Farben faselt, sondern dass es das wirkliche Leben war, das mich meine Sicht der Dinge gelehrt hat, wird sich – so denke ich – von meinen Ansichten eher überzeugen lassen und möglicherweise aus meinen Erfahrungen auch profitieren können.

Mir jedenfalls geht es immer so, wenn ich ein Buch lese, das mir eine Wegweisung für mein Leben geben möchte: Wenn ich merke, dass ich da von jemandem angequatscht werde, der gar keine Ahnung hat, wovon er redet, werde ich das Buch schnell aus der Hand legen. Wenn mir zugemutet wird, mich bloß mit schönen Sätzen abspeisen zu lassen, vergeht mir der Lesehunger. Interessant wird es aber, wenn ich sehe, dass ich – um mit Conrad Ferdinand Meyer (1825–1898) zu reden – »kein ausgeklügelt' Buch« in Händen halte, sondern dass mir in meiner Lektüre »ein Mensch in seinem Widerspruch« begegnet, von dessen Erfahrungen ich lernen kann.

Die letzte Zigarette

Mark Twain (1835–1910), der alte Sarkast, hat genau gewusst, wie es ist: »Der Junge fängt mit dem Rauchen an, um zu zeigen, dass er ein Mann ist; später gibt er es aus dem gleichen Grund wieder auf.« Ich war zwar noch ein Student, aber bereits in fortgeschrittenem Semester, als ich mich entschloss, den Beweis anzutreten, dass der amerikanische Humorist Recht hatte.

Anfangen ist immer das Leichteste von der Welt. An jenem Juninachmittag, an dem ich den Entschluss gefasst hatte, mit dem Rauchen aufzuhören, war es nicht schwer, den löblichen Vorsatz durchzuhalten. An diesem Tag hätte mir sowieso keine Zigarette mehr geschmeckt. Und ein gewisser sportlicher Ehrgeiz kam auch hinzu, der mich beflügelte. Aber am anderen Morgen war es nur eine Frage der Zeit, bis sich das Bedürfnis

regte, den gewohnten Griff nach der Packung zu tun. Nun schlug die Stunde der Wahrheit. Wer würde der Stärkere sein im Kampf gegen mich selbst: ich oder ich?
So lag sie vor mir: begehrenswert, rank und schlank, mit makellos weißer Haut, verheißungsvoll duftend – und versuchte mich dazu zu bewegen, sie in Hitze zu bringen. »Nimm mich«, sagte sie, »nimm mich und genieß mich Zug um Zug!«
»Nein«, sagte ich zur Zigarette, »ich will das doch gar nicht. Bin ich etwa der Knecht meiner Sucht? Ich bin es *nicht*. Aber ich bin auch nicht der Sklave meines guten Vorsatzes. Höre, meine Freundin! Ich *muss nicht* nicht rauchen, ich bin nicht verpflichtet, den Asketen zu spielen. Ich darf rauchen, so viel ich will. Aber: Ich *will* nicht rauchen. Und warum um alles in der Welt sollte ich etwas tun, was ich gar nicht will?«
Die Zigarette muss so verblüfft gewesen sein über meinen plötzlichen Sinneswandel, dass sie schwieg. Einige Monate lang hat sie mich noch auf allen meinen Wegen begleitet. Sie und ihre ebenfalls uneingeäschert gebliebenen Schwestern waren immer in Griffweite. Ich hatte nämlich aus meinen Erfahrungen gelernt.
Den Fehler, sämtliche Tabakwaren auf der Stelle zu vernichten, den ich bei früheren Versuchen, das Rauchen aufzugeben, gemacht hatte, wollte ich nicht wiederholen. Es war nicht nötig, noch einmal zu erleben, wie ein von Entzugserscheinungen gepeinigter Nichtraucher in Panik gerät und – alle guten Vorsätze über Bord werfend – zum nächsten Automaten rast, um sich eine Packung Glimmstängel zu angeln, oder, von seiner Sucht getrieben, beim nächstbesten mildtätigen Raucher eine Zigarette schnorren muss.
Erst ein halbes Jahr später, mitten im kalten Winter, an einem

besinnlich verbrachten Abend im Advent, ließ ich jene seltsame Reliquie meiner Nikotin-Vergangenheit im wärmenden Kachelofen in Rauch aufgehen. Die fast schon bis zur Unkenntlichkeit vergammelte letzte, angebrochene Zigarettenpackung hatte ihre Schuldigkeit getan. Sie hatte mir ermöglicht, jederzeit rückfällig werden zu können, und sie hatte mir garantiert, dass ich nicht in Panik geraten musste, falls ich tatsächlich rückfällig würde.
Doch zurück zu jenem Juniabend, an dem meine Karriere als Nichtraucher begann. Ich müsste lügen, wenn ich nicht zugeben wollte, dass es auch ein schönes Erfolgserlebnis war zu sehen, wie gut es mir gelang, dem inneren Schweinehund ein Schnippchen zu schlagen. Erst zwei Stunden, dann drei, dann vier – im Nu war ein halber Tag vergangen, ohne dass ich einen Glimmstängel zum Mund geführt hatte.

Ohne Gehirnwäsche geht es nicht

»Widersagst du dem Teufel?«, fragt der Priester den Täufling und der Täufling – oder, falls er unmündig ist, sein Pate – erwidert: »Ich widersage.«
Dieser elementare Wortwechsel war nunmehr der tägliche innere Dialog des frisch gebackenen Nichtrauchers; nur dass nicht der *Teufel* an die Wand gemalt wurde, sondern dass der Wunsch zu rauchen das Objekt des Widersagens war.
Wo ein Wille, da ein Weg: Je mehr erfolgreiche Widersagungen es gab, umso leichter fiel es dem Willen, Oberwasser zu behalten. Schlimm waren allerdings Situationen, bei denen das Rauchen mit einer bestimmten Tätigkeit gekoppelt und – den Gesetzen des bedingten Reflexes gehorsam – längst von einer lieben Gewohnheit zur zweiten Natur geworden war.
Sobald meine rechte Hand merkte, dass meine linke Hand nach

dem Telefonhörer gegriffen hatte, wollte sie sofort nach einem Glimmstängel greifen; und wenn der Duft frisch gekochten Kaffees aus der Tasse in meine Nase stieg, war es genauso. Am schlimmsten war es, wenn ich telefonierte und *gleichzeitig* Kaffee trank.

Doch mein Wille war stark. Es gelang mir, diese gefährlichen Klippen zu umschiffen, und ich durfte mich von Woche zu Woche und von Monat zu Monat mit immer größerem Recht einen Nichtraucher nennen.

Verblüfft fragte ich mich: War es mir tatsächlich so mir nichts, dir nichts gelungen, meinen Willen durchzusetzen und gegen die vermeintliche Übermacht des Gegenwillens zu obsiegen? Ich war misstrauisch. Wenn das wirklich so einfach wäre, dachte ich, dass ich einfach sage: »Ich will nicht«, und schon will ich nicht, dann würde das bedeuten, dass *doch* die Vernunft die Stärkere ist und ihr nicht die undankbare Rolle der Klügeren zukommt, die immer nachgibt und machtlos zusehen muss, wie Unsinn und Unvernunft das Zepter führen. Aber das wäre doch zu schön gewesen, um wahr zu sein!

Es *war* auch nicht wahr. Bei genauerer Analyse der Dinge wurde mir klar, dass letzten Endes *nicht* die vernünftigen Überlegungen, die ich mir suggerierte, ausschlaggebend waren, dass ich auf den schon ganz automatischen Griff zu Zigarettenpackung und Feuerzeug verzichten konnte. Die reichlich sophistisch anmutende Autosuggestion dieses »Ich rede mir einfach ein, dass ich nicht rauchen will, und schon rauche ich nicht mehr!« hätte nie und nimmer funktioniert, wenn es nicht auf dem Rücken von etwas erfolgt wäre, was man ruhig als »Gehirnwäsche« bezeichnen darf.

Es war mir ergangen wie Hans, dem Ostblockpriester, den der

Geheimdienst »umgedreht« hatte. Ich hatte etwas erlebt, was mich wie ein Blitz aus heiterem Himmel traf, so dass ich imstande war, von einem Tag auf den andern anders zu handeln als bisher: meine – in diesem Fall *schlechte* – Gewohnheit abzulegen wie einen zu eng gewordenen Anzug und etwas zu tun, von dem ich fast schon nicht mehr geglaubt hätte, dass ich dazu fähig sein würde. Mit einem Wort: Es hatte eine – in diesem Fall *positive* – Gehirnwäsche stattgefunden.

Ich hatte einen Schock erlitten, der dazu angetan war, meinem inneren Schweinehund einen solchen Kinnhaken zu versetzen, dass er nicht mehr handlungsfähig war und *mein* Wille das Kommando übernehmen konnte.

Schock um drei viertel vier

Ein paar Tage vor meinem folgenreichen Entschluss, mit dem Rauchen aufzuhören, war ich mit ein paar netten Leuten im Theater gewesen, hinterher hatten wir noch ein Lokal besucht und tief schürfende Gedanken über das Theater im Allgemeinen und den heutigen Theaterabend im Besonderen ausgetauscht. Dabei qualmten wir ununterbrochen. Ich hatte in weiser Voraussicht auch noch eine zweite Packung Zigaretten dabei. Als das Lokal um Mitternacht Sperrstunde hatte, gingen wir – den Gepflogenheiten des Studentenlebens entsprechend – noch lange nicht heim, sondern übersiedelten in ein Café, das länger offen hatte.

Als ich dann im Morgengrauen endlich nach Hause in meine Studentenbude kam und mich anschickte, mein nun doch schon ein wenig müde gewordenes Haupt zur Ruhe zu betten, wollte ich noch schnell eine letzte Zigarette rauchen. Doch leider, es war keine mehr da.

Normalerweise hatte ich immer Vorrat, aber an diesem Abend – in dieser langen Nacht nach dem Theaterbesuch – herrschte Ebbe. In gewisser Weise war ich das Opfer meiner Großzügigkeit geworden. Eine Freundin hatte, kettenrauchend wie ich, da ihre Schachtel bereits leer war, mindestens eine halbe Packung meiner Bestände verpulvert.

»Macht nichts«, sprach ich im Geiste zu mir, »du hast heute ohnehin schon genug geraucht, viel zu viel, wenn du ehrlich bist, mindestens sechzig, vielleicht sogar achtzig Zigaretten innerhalb der letzten 24 Stunden könnten es gewesen sein. Lass es gut sein, morgen ist auch noch ein Tag! Gönn deiner überforderten Lunge ein wenig Erholung und lausch lieber dem Lied der erwachenden Amsel, die dich in Schlaf singen will!«

Meine Worte waren vernünftig, meine Worte waren ehrlich, meine Worte waren gut gemeint. Doch sie erreichten mich nicht in der Tiefe. Dort unten in der Kommandozentrale wurde etwas anderes gewollt und ich durfte am eigenen Leib erfahren, wie recht Anatol France mit seinem Aperçu hat: »Es liegt in der menschlichen Natur, vernünftig zu denken und unvernünftig zu handeln.«

Die Uhr zeigte drei viertel vier, als ich das Haus verließ, zielstrebig um die Ecke bog und ein Geldstück in den Schlitz eines Zigarettenautomaten warf. Im selben Moment schrillten die Alarmglocken in mir. Die Fastenzeit lag zwar schon ein paar Monate zurück und doch dröhnten mir in dieser lauschigen Juninacht plötzlich die Worte aus der Matthäuspassion in den Ohren: »Konntet ihr nicht eine Stunde mit mir wachen?« Und: »Der Geist ist zwar willig, aber das Fleisch ist schwach!« (vgl. Mt 26,40–41).

»Was ist los mit mir«, fragte ich mich, »wenn ich es nicht aus-

halte, einfach schlafen zu gehen, ohne noch eine weitere Zigarette zu rauchen, die mir sowieso nicht mehr schmeckt?«
Dies war der Anfang vom Ende meiner Raucherkarriere. Dies war das Erlebnis, welches imstande war, meinen inneren Schweinehund außer Gefecht zu setzen. Dies war der Schock, der mein Gehirn »wusch« und die dort installierte Software mit einem neuen Programm überschrieb, das mich zur Umkehr befähigte.

Wer fasten will, muss wirklich fasten wollen

Die Umkehr erfolgte allerdings nicht sofort, nicht von einem Moment auf den anderen. So, wie ein Auto, das mit Vollgas über die Autobahn flitzt, auch nicht imstande ist, im Bruchteil einer Sekunde eine Kehrtwendung um 180 Grad zu machen, um dann in die Gegenrichtung weiterzufahren, lief das bereits obsolet gewordene Programm exzessiven Rauchenmüssens noch eine Weile weiter wie bisher. Etwa eine Woche dauerte es, bis ich so weit war, mein Verhalten zu ändern.
Nach dem bisher Gesagten ist klar, dass es für mich keine Neuigkeit war, als ich dann – Jahrzehnte später – durch Zeitungsartikel und Radiosendungen über die neuen Einsichten und Erkenntnisse informiert wurde, die der Neurobiologe und Gehirnforscher Gerhard Roth bei seinen Forschungen gewonnen hatte. Ich bekam lediglich noch die wissenschaftliche Bestätigung für das, was ich empirisch längst wusste.
Appelle an die Vernunft nützten im Allgemeinen recht wenig, sagte Professor Roth in einem Interview mit dem Bayerischen Rundfunk (Bayern 2, 30. Juni 2002), »weil die Einstellungen des Menschen nur sehr schwer zu ändern sind«. Erst wenn »massive emotionale Konsequenzen anstehen«, könne eine ver-

nünftige Einsicht eine Einstellungsänderung bewirken, die dann auch Konsequenzen für das Handeln hat. Der Göttinger Professor scheute sich nicht, in diesem Zusammenhang von »Gehirnwäsche« zu sprechen. »Erst wenn ich in emotionale Panik gerate, dann nehme ich das ernst«, sagte Roth und beschrieb damit genau das, was ich aus eigenem Erleben kannte – und was mir auch durch die Kenntnis von Erlebnissen anderer vertraut war.

Die Lehre, die für *unser* Thema aus diesem Befund zu ziehen ist, ist ganz einfach: Wo kein Wille, da kein Weg. Wer fasten will, muss wirklich fasten *wollen*. Und er wird dies nur können, wenn er es nicht nur »mit dem Kopf«, sondern auch »aus dem Bauch heraus« will. So einfach – und so schwer! – ist die Sache.

Der reiche Prasser schlägt ein Experiment vor

Schon im biblischen Gleichnis vom reichen Prasser und vom armen Lazarus (Lk 16,19–31) bekommen wir anschaulich vorgeführt, dass das Wissen allein nicht viel nützt. Als der reiche Prasser zur Einsicht kommt, es wäre besser gewesen, wenn er anders gelebt hätte, ist es zu spät. Denn da ist er schon tot und hat die Strafe für seine Sünden bereits empfangen. Aber der in der Hölle schmorende Prasser hat noch fünf Brüder, die genauso verkehrt leben wie er. Darum bittet er Vater Abraham, den armen Lazarus zu ihnen zu schicken, um sie zu warnen. Doch der Antrag wird mit der überaus einleuchtenden Begründung abgelehnt, dass diese Burschen, die da fröhlich in den Tag hinein leben und ein wahres Lotterleben führen, ohnehin über alle Informationen verfügen, die für ihr Heil nötig sind: »Sie haben Moses und die Propheten, auf die sollen sie hören« (Lk 16,29). Doch der reiche Prasser wagt Vater Abraham zu widersprechen, denn er weiß es besser. Der von den Flammen der Hölle gepeinigte Reiche ist auch im übertragenen Sinne ein »gebranntes Kind«. Er hat nämlich am eigenen Leib erfahren, dass die scheinbar so logische Abfolge *Gedanke – Gefühl – Verhalten* »keineswegs eindimensional und widerspruchsfrei« funktioniert, wie die Psychologin Eva Jaeggi ausgeführt hat.

»Schon die von vielen klinischen Psychologen registrierte ›doppelte Buchführung‹ der Gedanken zeigt ja, dass Gedanken eben nicht automatisch zu bestimmten Gefühlen und Verhaltensweisen führen«, erklärt Jaeggi in ihrer kritischen Auseinandersetzung mit der »Kognitiven Verhaltenstherapie« (Psychologie heute 2/81): »Der Phobiker *(jemand, der an einer neurotischen Angst leidet; Anm. d. Autors)* zeichnet sich geradezu dadurch aus, dass er selbstverständlich weiß, dass ein Kaufhaus ein ungefährlicher Ort ist. Er kann sich das auch sagen und erzählt uns häufig auch unaufgefordert davon, dass er dies ›schon hundertmal gesagt‹ habe. Trotzdem denkt er beim Betreten des Kaufhauses: Ich werde ohnmächtig, man wird einen Krankenwagen holen müssen.«

Menschen fühlen sich oft gegen ihren Willen und gegen ihre Vernunft gezwungen, absurd zu handeln, resümiert Eva Jaeggi. Die unlogischen und irrationalen Gedanken sind einfach die wirksameren, und die »richtigen« Gedanken »vermögen nur wenig auf Gefühle und Verhaltensweisen einzuwirken«.

Dies alles weiß auch unser armer reicher Prasser – auch wenn er es vermutlich nicht so gescheit formulieren hätte können wie die Psychologin. Bei ihm war es auch so, dass sein »innerer Schweinehund« erfolgreich verhindert hat, aus dem, was er eigentlich ohnehin die ganze Zeit wusste, die nötigen Konsequenzen zu ziehen.

»Nein, Vater Abraham«, sagt er daher, »nur wenn einer von den Toten zu ihnen kommt, werden sie umkehren.«
Doch Abraham lässt sich nicht beeindrucken. Die Geschichte endet tragisch. Es bleibt beim Njet. »Wenn sie auf Moses und die Propheten nicht hören, werden sie sich auch nicht überzeugen lassen, wenn einer von den Toten aufersteht« (Lk 16,30–31), sagt Vater Abraham in diesem Gleichnis – und spricht damit nichts Geringeres aus als jene bittere Erfahrung der jungen Kirche, dass ihre engagiert betriebene Mission nicht das erhoffte Ergebnis erbracht hatte. Die jüdischen Glaubensbrüder hatten sich leider *nicht* allesamt bekehrt und Jesus als Messias anerkannt. Sie hatten sich nicht überzeugen lassen, *obwohl* einer von den Toten auferstanden war.
So gesehen ist die Pointe des Gleichnisses auf der historischen Ebene – durch den »Sitz im Leben«, den es hat – durchaus stimmig und realistisch. Auf der psychologischen Ebene hingegen müssen wir sagen: Eigentlich schade, dass sich Vater Abraham nicht auf das vom reichen Prasser vorgeschlagene Experiment eingelassen hat. Denn er war schon auf der richtigen Spur. Wenn die Brüder des Prassers überhaupt zu bewegen gewesen wären, sich zu bekehren, dann *nur* so. – Allerdings mit einer kleinen, aber nicht unwichtigen Zuspitzung.
Es hätte nicht genügt, wenn der arme Lazarus vor diese hartgesottenen Burschen hingetreten wäre und gesagt hätte: »Hört mal, ihr müsst euer Leben ändern, sonst geht es übel aus!« Sondern er hätte ihnen diese Botschaft *so* sagen müssen, dass ihnen der Schreck in die Glieder gefahren wäre. Mit anderen Worten: Lazarus hätte ihnen einen heilsamen Schock versetzen müssen.

Ein heilsamer Schock

In Amerika sind einige wohlbeleibte Personen zum Kadi gelaufen, um eine Sammelklage einzubringen. Fastfood-Ketten wie McDonald's, Burger King, Wendy's und Kentucky Fried Chicken seien schuld an ihrem Übergewicht, denn sie würden den Ernährungswert und Fettanteil ihrer Schnellgerichte verschleiern. Eine Sprecherin des US-Restaurant-Verbands wies die Vorwürfe als »sinnlos, unbegründet und lächerlich« zurück. In jedem Restaurant gebe es zahlreiche Angebote, der Kunde trage allein die Verantwortung.

In allen Industriestaaten leidet ein respektabler Prozentsatz der Bevölkerung an krankhaftem Übergewicht. In den Vereinigten Staaten ist jeder Dritte zu dick. Betroffen sind nicht nur Erwachsene, sondern auch viele Kinder. In Los Angeles glaubte man das Übergewicht der Schüler durch ein Verbot bekämpfen zu können. Man kam auf die Idee, auf dem Schulgelände kein Coca Cola und keine sonstigen zuckerhaltigen Limonaden zu verkaufen. Stattdessen sollten die mehr als 700 000 Schüler in diesem nach New York zweitgrößten Schulbezirk der USA Wasser, Milch und Fruchtsäfte mit einem niedrigen Zuckergehalt trinken.

Trotz eines nach wie vor boomenden Markts für Diäten werden die Schwergewichtler nicht weniger. Studien zufolge nehmen sehr viele Menschen nach Beendigung einer Diät nicht nur wieder zu, sondern schießen sogar über ihr ursprüngliches Gewicht hinaus. Unrealistische Vorsätze tun ein Übriges. Die Parole: »Nie wieder Schokolade« ist nur schwer durchzuhalten; dafür umso leichter die im Fall des Versagens verzweifelt ausgegebene Gegenparole: »Jetzt ist ohnehin schon alles egal.«

Wenn mir Menschen ihr Leid klagen, weil sie – so wie ich sel-

ber – schon ein paarmal zu fasten versucht haben und dabei durchaus beachtliche Erfolge erzielen konnten, aber hinterher, nach dem Ende der Diät, wieder zugenommen haben, pflege ich zu sagen: »Dieser so genannte Jo-Jo-Effekt, den wir nur allzu gut kennen, ist ein Zeichen dafür, dass wir im Grunde gar nicht fasten *wollen*. Wer fasten will, muss *wirklich* fasten wollen.«
Meist bekomme ich dann die empörte Antwort zu hören: »Aber das trifft doch auf mich nicht zu: Ich will ja fasten! Und ich habe meinen Willen sehr wohl unter Beweis gestellt, indem ich den ›inneren Schweinehund‹, wie du immer sagst, besiegt habe. Schließlich habe ich die Anstrengungen der Fastenkur bravourös gemeistert und bin um zehn Kilo leichter!«
Doch ich bleibe bei meiner Diagnose und versuche die Aufmerksamkeit meiner Gesprächspartner auf die Tatsache zu lenken, dass Wille nicht gleich Wille ist: »Zehn Kilo abnehmen zu wollen ist gut und zehn Kilo abgenommen zu haben noch besser; aber hinterher wieder so essen zu wollen wie vorher, heißt in Wirklichkeit *nicht* abnehmen zu wollen. Hier muss der Hebel angesetzt werden. Alles andere ist ein Haschen nach Wind und ein Lügen in die eigene Tasche.«
Wenn Goethes »Faust« darüber klagt und seufzt, dass zwei Seelen in seiner Brust wohnen, kann einer, der gern abnehmen möchte, es aber nicht schafft, ins gleiche Horn stoßen und sagen: »Zwei *Willen* wohnen, ach, in meiner Brust!« Und so, wie Luther, mit der Rechtfertigung ringend, die berühmte Frage gestellt hat: »Wie bekomme ich einen gnädigen Gott?«, wird sich einer, der mit dem Übergewicht ringt, die Frage stellen müssen: »Wie bekomme ich den nötigen Willen, um wirksam abnehmen zu können? Wer oder was versetzt mir jenen ›heilsamen Schock‹, der zu einer wirksamen ›Gehirnwäsche‹ führt?«

Das Dumme ist, dass man mit dem Rauchen viel leichter aufhören kann als mit den falschen Ernährungsgewohnheiten. Wenn man zu viel raucht, signalisiert einem der Körper sehr schnell – durch Kopfweh, Übelkeit, chronischen Bronchialkatarrh usw. –, wie sehr er unter der permanenten Attacke leidet, und man kann, wenn man's schafft, noch rechtzeitig aufhören, ehe die Schäden irreparabel sind; aber wenn man sich ungesund ernährt, bekommt man bloß ein bisschen Übergewicht – und mit der Zeit noch ein bisschen mehr und *noch* ein bisschen mehr, aber der »heilsame Schock« kommt leider zu spät. Sind die körperlichen Beschwerden erst einmal da – Bluthochdruck, Herz-, Kreislauf- und Gelenkerkrankungen, Stoffwechselstörungen, Diabetes etc. etc. –, dann ist das Problem im wahrsten Sinne des Wortes »schon gegessen«. Die Diät ist dann nur noch die Feuerwehr, die dafür sorgt, dass der Schaden am bereits brennenden Haus nicht *noch* größer wird, sie hat aber keine Chance zu verhindern, dass das Feuer überhaupt ausbricht.

Es wird also gut sein, wenn ich – in weiser Voraussicht, dass ganz bestimmt einmal der Tag kommen wird, an dem ich erkenne, wie gut es gewesen wäre, wenn ich rechtzeitig vorgebeugt hätte, und im Wissen, dass Wissen allein nichts nützt, weil der innere Schweinehund gegen gutes Zureden resistent ist – selber die Initiative ergreife und *rechtzeitig* Vorsorge treffe, dass ich einen solchen »heilsamen Schock« erleide, der mich befähigt, endlich mit dem Fasten ernst zu machen und mit einer sinnvollen Ernährung anzufangen.

Wenn ich das Pech habe, dass mich ein Unfall, eine Krankheit oder sonst ein Unglück so aus der Bahn wirft, dass ich mein Leben neu ordnen muss und dabei auch meine Einstellung zur

Gesundheit nachjustieren kann, dann habe ich diesbezüglich *Glück*. Dann ist der heilsame Schock, den ich so dringend brauche, ein Geschenk, das mir von außen in den Schoß fällt. Wenn ich aber das »Pech« habe, ein vom Glück verfolgter Liebling der Götter zu sein, dem des Lebens ungemischte Freude zuteil wird, dann muss *ich selber* dafür sorgen, dass ich irgendetwas erlebe, was so viel Durchschlagskraft besitzt, dass ich in jene »emotionale Panik« gerate, die mich befähigt, dem inneren Schweinehund den Krieg zu erklären.

Ächzende Fettsäcke

Wie schon die alten Römer wussten, kann man seine Mitmenschen mit scherzhaften Reden nicht nur erheitern und erfreuen, sondern auch zur Weißglut reizen und zutiefst verärgern. Über das Fasten Witze zu machen, ist daher besonders problematisch.

Fastende, vor allem solche, die gerade mit dem Eifer von Neulingen begonnen haben, Maßnahmen zum Abspecken zu ergreifen, um möglichst schnell in eine andere Gewichtsklasse zu kommen, sind im Allgemeinen nicht sonderlich erbaut, wenn sie Geschichten hören, die ihrem anstrengenden Tun humoristische Pointen abgewinnen. Je schwerer es jemandem, der mit den Wucherungen seiner Pfunde zu ringen hat, gefallen ist, den inneren Schweinehund zu überwinden und mit eisernem Willen alle Unannehmlichkeiten auf sich zu nehmen, um ein paar Kilo weniger auf die Waage zu bringen, desto weniger wird er über Witze lachen wollen, die sich über eine so ernste Sache wie das Fasten lustig machen.

Nichtsdestoweniger gibt es jede Menge Witze über das Fasten. Einer von ihnen muss an dieser Stelle zitiert werden, und zwar aus dem einfachen Grund: Man kann von ihm etwas Wichtiges lernen. Wenn wir diesen Witz nämlich nicht nur oberflächlich betrachten, sondern ihm gleichsam auf den Grund gehen und ihn tiefer durchleuchten, dann werden wir sehen, dass er neben dem vordergründigen Unterhaltungswert, den er besitzt, in der Lage ist, Einsichten zu vermitteln, die dem Fastenden helfen, mit gewissen Problemen besser fertig zu werden.

In einer Konditorei treffen sich zwei Freundinnen, um bei Kaffee und Kuchen Informationen auszutauschen und die Probleme ihres Alltags zu besprechen. Die beiden sind Frauen mittleren Alters. Von der Statur her wären sie zwar durchaus nicht als *un*mollig zu bezeichnen, aber das Übergewicht hat bei ihnen noch kein alarmierendes Ausmaß erreicht.

Anders jedoch verhält es sich offenbar bei den Ehemännern der beiden Frauen. Einem unfreiwilligen Ohrenzeugen ihrer Gespräche muss sich geradezu der Eindruck aufdrängen, diese Damen wären nicht einfach mit wohlbeleibten und immer wohlbeleibter werdenden Exemplaren der Gattung Mann verheiratet, sondern würden mit ächzenden Fettsäcken Tisch und Bett teilen.

Das Problem einer schleunigst zu bewerkstelligenden Reduktion des Gewichts der männlichen Ehehälften ist denn auch das beherrschende Thema, um das die Unterhaltung der Freundinnen kreist, die ihrerseits genussvoll Kuchen mit Sahne verspeisen.

»Ich weiß wirklich nicht, was ich tun soll«, sagt die eine. »Mein Mann hat schon sämtliche Diäten ausprobiert, aber nicht einmal ein Milligramm abgenommen.«

»Bei meinem ist das glücklicherweise ganz anders«, erwidert die Zweite. »Ich habe nämlich mit meinem Arzt gesprochen und

der Arzt hat gesagt, das Einzige, was Heinz-Dieter braucht, um endlich abzunehmen, ist ein starker Wille – und den hab ich!«
Das Erste, was uns dieser Witz lehrt, ist die simple Tatsache, dass wir nicht allein auf der Welt sind. Unser Ess- und Trinkverhalten und erst recht unsere mühsamen Versuche, zu viel Essen und zu viel Trinken zu vermeiden, hat eine *soziale* Komponente. Selbst wenn wir persönlich nichts dagegen einzuwenden hätten, dass wir so aussehen, wie wir aussehen, und uns angesichts zunehmender Rundlichkeit sogar in der Genugtuung sonnen könnten, dass wir uns auf diese Weise doch nur – zumindest von unserer äußeren Erscheinung her – nach und nach dem antiken Ideal der Vollkommenheit annähern (für die Alten war bekanntlich die *Kugel*gestalt der Ausdruck einer vollendeten Form!): Welchen Eindruck wir auf *andere* machen, ist uns nicht ganz egal.
Wir sind nicht so cool, dass wir uns nicht von gewissen Blicken irritieren ließen, die man uns nachwirft, wenn wir die Straße überqueren – geschweige denn, wenn wir ein Schwimmbad betreten oder in der Sauna noch unverhüllter die wahren Ausmaße unserer Körperlichkeit herzeigen müssen. Auch wenn wir ganz genau wissen, dass wir nie im Leben in die Verlegenheit kommen, mit einem Adonis verwechselt zu werden, oder die Chance haben, dass uns ein Filmregisseur als Double von Claudia Schiffer engagiert, ist es dennoch unser Bestreben, unserer Umwelt nicht unangenehm aufzufallen und wegen unseres unvorteilhaften Aussehens kritisiert und abgelehnt zu werden.
Selbst der abgefeimteste Zyniker würde es nicht darauf anlegen, als ein Ausbund an Hässlichkeit zu erscheinen. Es liegt einfach in der Natur des Menschen, dass er anderen Menschen impo-

nieren will – vor allem solchen, die er liebt, und erst recht solchen, von denen er geliebt werden möchte. So gesehen ist der klassische Spruch der Fotografen: »Bitte, recht freundlich!« keine leere Floskel, sondern spricht genau das aus, was jeder innerlich hört und empfindet, sobald er bemerkt, dass er angeblickt wird und dass man ihm Aufmerksamkeit schenkt.

Wie sehe ich aus?

Der Kummer mit der eigenen Figur kann allerdings zum Hemmschuh für eine mögliche Annäherung werden. Wer selber nicht mag, wie er aussieht, wird kaum hoffen oder im Ernst damit rechnen, dass ihn ein anderer liebenswert finden könnte – ja, er wird sich nicht einmal von der *Wirklichkeit* widerlegen lassen. Sogar dann, wenn das, was ihm selbst so völlig unglaublich erscheint, tatsächlich geschieht, dass nämlich ein vermeintlich so unansehnlicher Mensch wie er offensichtlich *doch* imstande ist, einen anderen Menschen zu beeindrucken, wird er es nicht glauben – weil er es doch »besser weiß«.

Flugs wird ein fataler Mechanismus zu wirken beginnen, der jede positive Entwicklung der Situation von vornherein abwürgt. »Wie kann ich«, wird er sich sagen, »jemanden liebenswert finden, der jemanden wie mich liebenswert findet!« Die dahinter stehende destruktive Logik lautet: Wer einen so absolut unattraktiven und ganz und gar nicht liebenswerten Menschen wie mich attraktiv und liebenswert findet, kann nicht ganz zurechnungsfähig sein.

Und dabei sollte und müsste es gerade umgekehrt sein! Wer jemals die Liebe in ihrer elementaren Wucht kennen gelernt hat, wer die im wahrsten Sinne des Wortes *umwerfende* – alle bisherigen Wertmaßstäbe über den Haufen werfende – Erfahrung gemacht hat: »Wie herrlich, ich werde geliebt!«, der wird dieser zerstörerischen und niederreißenden Logik kein Recht einräumen. Eher wird er jenes heilsame und aufbauende Moment an der Liebe logisch finden, das Aurelius Augustinus im Auge hatte, als er den Unterschied zwischen menschlicher und göttlicher Liebe zu definieren versuchte: »Wenn wir einen Menschen nach der Weise der Menschen lieben, dann lieben wir ihn, *weil* er schön ist; wenn wir ihn aber auf göttliche Art lieben, dann lieben wir ihn, *damit* er schön werde.«

Etwas prosaischer ausgedrückt, könnte man sagen: Wer einen Menschen liebt, der wird ihn letztlich auch schön finden. Liebe macht – wie der Volksmund weiß – »blind«, und zwar in einem ganz elementaren positiven Sinn: Wer den anderen liebt und ihn aufgrund dieser seiner Liebe bereits gleichsam in der Vollgestalt seiner menschlichen Herrlichkeit zu sehen vermag, den stören kleine Unvollkommenheiten am anderen nicht, er *»übersieht«* sie, er blendet sie aus. Im verklärenden Blick, mit dem Verliebte einander ansehen, erscheinen beide füreinander in einem anderen Licht: Sie sind schön wie der erste Schöpfungstag.

Was aber, wenn jemand gerade nicht in dieser glücklichen Situation ist, sich geliebt und schön gefunden zu wissen? Ohne den verwandelnden Blick der Liebe wird er voller Angst auf die Äußerlichkeiten starren und dieser lieb*lose*, *un*schöne, ernüchternde Blick wird ihn erstarren lassen wie das Kaninchen vor der Schlange und ihn handlungsunfähig machen.

Ein Gramm zu viel

Die Nöte und Sehnsüchte des »überaus dicken Mädchens«, über die der Schweizer Pfarrer und Lyriker Kurt Marti dieses oben zitierte bemerkenswerte Gedicht geschrieben hat, gehen in genau diese Richtung. Die junge Frau, die sich selber nicht schön findet, weil sie so aussieht, wie sie aussieht, kann in ihrer Verzweiflung überhaupt nicht glauben, dass es einen jungen Mann geben könnte, der sie vielleicht trotzdem schön findet, obwohl sie so aussieht, wie sie aussieht. Sie kann höchstens glauben, dass dies eventuell geschehen könnte, wenn es ihr gelingt, den Zustand ihrer mangelnden Attraktivität möglichst schnell zu verändern – sprich: schlank zu werden.

Wie viele Abmagerungskuren wurden schon begonnen, um einem geliebten Menschen zu gefallen und von ihm als Partner akzeptiert zu werden! Umso tragischer, wenn sich dann womöglich herausstellt, dass die Frage der Fettpolsterung am Körper des Partners gar nicht das Entscheidende war, sondern die Ablehnung in Wirklichkeit ganz andere Gründe hatte.

Dennoch spielt, ob wir wollen oder nicht, das aktuelle körperliche Outfit des Partners eine wichtige Rolle für die Art und Weise, wie wir ihm begegnen und mit ihm umgehen. Denn genauso, wie wir von der Angst geplagt werden, wir würden dem anderen nicht mehr gefallen, weil wir zu dick geworden sind, ist es uns nicht gleichgültig, ob der Partner an unserer Seite rank und schlank durch das Leben schreitet oder ob sich sein Body bereits im Zustand galoppierender Verfettung befindet. Junge Liebespaare und altgediente Ehepaare sind gleichermaßen in der Lage, einander das Leben wegen dieser Frage zur Hölle zu machen.

Mit dem fein beobachtenden Auge des Dramatikers und der karikierenden Lust des Komödianten hat Botho Strauß in einer Szene seines Stücks »Der Narr und seine Frau heute Abend in Pancomedia« diese konfliktträchtige Facette bei Paarbeziehungen aufs Korn genommen.

Das Einzige, was seine Partnerin an ihm interessiere, erzählt ein Mann in Gegenwart seiner Freundin einem anderen Paar, sei, dass er kein Gramm zunehme. »Ich muss mich digital, ich muss mich extrem fein auswiegen lassen«, sagt er und teilt bereitwillig mit, was für groteske Züge die permanente Gewichtskontrolle in trauter bzw. dann eben nicht mehr so trauter Zweisamkeit annimmt. Die digitale Waage zeige es ungeschminkt: »Kommt dieses berühmte Gramm hinzu, trifft mich ein Schwall der verächtlichsten Bemerkungen.« All sein Versagen von Kindesbeinen an werde ihm vor Augen geführt. Unter den ungeheuerlichsten Schmähungen, unter den einschneidendsten Vorhaltungen nehme er dann dieses »katastrophale Gramm« wieder ab.

Gewichtsabnahme und Zuwendung durch die Partnerin verhalten sich direkt proportional zueinander. »Schon beim flackernden Ziffernstand so ums Gramm nach unten hin zeigt sie sich wie verwandelt«, sagt der Mann: »Sie ist zärtlich und anschmiegsam wie ein prickelndes Mädchen. Eine Nacht lang fühle ich mich wohl bei ihr, prompt nehme ich wieder zu. Am nächsten Morgen wird erneut gemessen, sie erblickt die Anzeige und erbleicht, das Gramm ist wieder da!«

»Na siehst du«, erwidert sie triumphierend, »nur Verachtung hilft, besser als jede Diät!« – Womit wir wieder beim vorhin zitierten Witz wären.

Der Witz an der Sache ist allerdings, dass der Witz gar kein Witz ist. Was in satirischer Zuspitzung gesagt wird, ist zwar grotesk und sarkastisch, aber es ist völlig richtig: »Verachtung hilft bes-

ser als jede Diät!« Diese Verachtung, dieser drohende Liebesentzug versetzt den Partner in jene emotionale Panik, die nötig ist, damit etwas Positives bewirkt wird. Der keinen Widerspruch duldende Wille der herrisch fordernden Partnerin, der wie ein Damoklesschwert über dem Band der Ehe hängt, ist der Schock, der zum *heilsamen* Schock wird.
Wer sagt denn, dass man einen Mann, der sich in dieser Weise von seiner Frau tyrannisieren lässt, unbedingt einen Schwächling schelten und als Pantoffelhelden belächeln sollte? Wenn ich einsehe, dass dies das Einzige ist, was mir helfen kann, meinem schwachen Willen den nötigen Adrenalinstoß zu geben, damit ich etwas tue, was gut für mich ist, dann wäre es wahrlich nicht weise, auf diese Hilfe zu verzichten.

3. Lernziel Fasten

Ins Schlaraffenland kommt man bekanntlich, indem man sich durch eine drei Meilen dicke Schicht von Hirsebrei isst. Aber wie kommt man wieder raus? Wirklich nur durch Fasten?
Gibt es nicht eine Möglichkeit, überschüssiges Gewicht zu verlieren, ohne etwas so Lästiges und Anstrengendes tun zu müssen wie fasten?

Wasch mir den Pelz, aber mach mich nicht nass!

Der Inseratenteil von Zeitungen und Illustrierten strotzt von Angeboten, die Abnehmwilligen wahre Wunder versprechen. Doch schlank wird dann meist nur die Geldbörse. Auch auf den seriösen Seiten, im Wissenschaftsteil, finden sich mitunter frohe Botschaften für Menschen, die heilfroh wären, wenn es auf dem anstrengenden Weg zum Ziel, schlank zu sein, eine Abkürzung gäbe – oder noch besser: wenn ihnen die erhoffte Gewichtsreduktion in den Mund flöge wie eine gebratene Taube. Sozusagen nach dem Motto: »Fehlt dir starker Wille, versuch's mit dieser Pille!«

»Schlank mit einer Kapsel«, »Mäuse-Gen gegen Übergewicht und Diabetes entdeckt«, »Hormon gegen Hunger«. Das sind Schlagzeilen, die jeder gern liest, der mit dem Übergewicht kämpft und es bisher nicht geschafft hat, auf sein Idealgewicht zu kommen – oder wenigstens »Uhu« zu werden.

Vermutlich trage ich keine Eule nach Athen, wenn ich hier erklärend anmerke, dass das Wort »Uhu« in diesem Zusammenhang eine nette kleine Abkürzung ist. Wer sagt, dass er »Uhu« werden möchte, will damit nicht bekunden, er wolle sich womöglich – dem Kalif Storch nacheifernd – in einen Nachtvogel verwandeln; er will bloß sagen, dass er das Ziel hat, *»unter hundert«* zu werden, auf ein Gewicht von weniger als hundert Kilo zu kommen.

Aber der Teufel lässt sich nicht mit dem Beelzebub austreiben. Das teuflischerweise in den Körper gefahrene beelzebübische Fett durch *Fasten* auszutreiben, ist immer noch der probateste Exorzismus.

Als der Ulmer Mediziner Hans Ditschuneit seinerzeit von einer Reporterin gefragt wurde, was denn die überraschendste Erfahrung der Klienten gewesen sei, die in seiner Klinik unter medizinischer Aufsicht eine Nulldiät machten, bei der der Körper wochenlang nichts bekam außer drei Liter Flüssigkeit täglich, antwortete er einigermaßen verschmitzt. Das wichtigste Ergebnis bei dieser radikalen Abkehr von jeglichen Gaumenfreuden, erklärte der Arzt und Ernährungswissenschaftler, bestehe in der neu gewonnenen Erkenntnis seiner Patienten, »dass Fettsucht in den meisten Fällen nichts mit mysteriösen Drüsenstörungen zu tun hat, sondern mit zügellosem Schlemmen« (Die Zeit 16/77, S. 64).

Ebenso ernüchternd ist die Erkenntnis, dass sich selbst bei einem radikalen Totalfasten nicht das Blaue vom Himmel abnehmen lässt, was manche Diäten versprechen. »Jeden Tag um 463 Gramm leichter«, war der Erfahrungswert der Ditschuneit'-schen Patienten.

Steter Tropfen wölbt den Bauch

Klar, dass man den Abnehm-Erfolg möglichst exakt gemessen sehen möchte, aber welcher Übergewichtige hat sich jemals die Mühe gemacht, täglich auf die Waage zu steigen, um zu messen, um wie viel Gramm oder Milligramm er pro Tag eigentlich *zu*-nimmt? Da dieser Wert so verschwindend gering ist, dass er mit bloßem Auge nicht auffällt und auch sonst nur sehr schwer zu ermitteln sein dürfte – vor allem, wenn einem nur eine normale Badezimmerwaage als Messgerät zur Verfügung steht –, scheint er eine zu vernachlässigende Größe zu sein. Aber damit sind wir bei der Wurzel allen Übels. Denn hier beginnt die typische Vogel-Strauß-Politik aller Dicken: Um etwas, das man nicht merkt, braucht man sich nicht weiter zu kümmern. Was ich nicht weiß, macht mich nicht heiß. Oder wenn ich es doch weiß, fallen mir hunderttausend Ausreden ein.

»Das macht doch nichts, wenn ich noch ein zweites Mal zulange ...« – »Auf die paar Kalorien kommt es auch nicht an ...« – »Heute ist eine Ausnahme ...« – »Nur zur Feier des Tages ...« –

»Einmal ist keinmal …« – »Das bisschen Sahne? Aber ich bitte Sie, da ist doch nichts dabei! Davon geht die Welt nicht unter …« Und was ist, wenn die Welt meiner Gesundheit doch genau *davon* untergeht?
Es gibt tausend Arten und Weisen, sich in Illusionen zu wiegen und sich in die eigene Tasche zu lügen. Die Wahrheit ist, dass jeder Übergewichtige sein Übergewicht der Tugend der Beharrlichkeit verdankt. »Einmal« wäre tatsächlich »keinmal«, wenn es wirklich nur einmal wäre. Ein Tropfen zu viel kann leicht wieder gutgemacht werden, aber steter Tropfen wölbt den Bauch. Nur aus *nichts* wird tatsächlich nichts, aber aus »unmerklich wenig« wird eines Tages unübersehbar »zu viel«.
Im Märchen von Hänsel und Gretel wird das Fasten als Waffe eingesetzt. Hänsel muss darauf bedacht sein, nicht zu dick zu werden, um zu verhindern, dass er von der bösen Hexe gefressen wird. Beziehungsweise täuscht er einen Zustand von Magerkeit vor, der nicht den Tatsachen entspricht. Im Märchen von Hans und dem Hammer geht es ebenfalls um die schicksalhafte Begegnung eines Knaben und einer bösen Hexe.
Übrigens braucht niemand zu befürchten, er tauge nicht fürs Millionen-Quiz, wenn er von diesem Märchen noch nie etwas gehört hat, denn dieses Märchen gibt es noch gar nicht. Ich bin eben erst dabei, es zu erfinden. Aber vielleicht stellt sich am Ende heraus, dass das, was da erzählt wird, gar kein Märchen ist, sondern täglich passiert.

Hans und der Hammer

Es war einmal ein kleiner Prinz. Nennen wir ihn Hans. Erstens, damit wir ihn nicht mit dem »Kleinen Prinzen« von Exupéry verwechseln; und zweitens, weil er einem anderen Hans gleicht.

Nicht dem Hans aus dem Ostblock, sondern dem Hans im Glück, der Gold für Eisen gab und der es fertig brachte, der Schmied seines eigenen Unglücks zu werden.
Hans war der Sohn eines Königs und einer Königin. Seine Eltern hatten dem kleinen Prinzen ein schönes Haus geschenkt – das Haus »Sanitas«, wie sie es nannten. Dieses Haus gehörte Hans ganz allein, der Knabe durfte es nach seinem Gutdünken einrichten. Frühreif und weise, wie die kleinen Prinzen in den Märchen nun einmal sind, richtete Hans sein Haus sehr vernünftig ein, und seine Eltern sahen es mit wachsendem Wohlgefallen.
Eines Tages sprachen der König und die Königin zu Hans: »Liebes Kind, du feierst morgen deinen zwölften Geburtstag. Für diesen Tag haben wir uns etwas ganz Besonderes einfallen lassen. Wir laden sämtliche Feen in unserem Königreich zu einer Geburtstagsparty ein und von jeder darfst du dir etwas wünschen. Sei vernünftig, Hans, und wünsch dir nur Dinge, die du für dein weiteres Leben gut gebrauchen kannst!«
»Okay, Boss! Okay, Queen!«, antwortete Hans. »Macht euch keine Sorgen, ich will mich mustergültig verhalten.«
Gesagt, getan. Hans wünschte sich tatsächlich lauter vernünftige Dinge von den Feen, die ihm auch die ausgefallensten und absonderlichsten Wünsche hätten erfüllen können. Aber Hans ließ sich nur von dem einen Gedanken leiten: »Wenn ich einmal erwachsen bin, will ich ein richtig cooler König sein. Darum werde ich mir nur Dinge wünschen, die mir helfen, mein Leben zu meistern. Das find ich echt super!«
Von der ersten Fee wünschte sich Hans eine Bibliothek mit vielen Büchern, damit er sein Wissen vergrößern konnte. Unter den vielen Büchern befand sich auch ein lateinisches Wörter-

buch, in dem Hans nachschlagen konnte, dass »Sanitas« – der Name des Hauses, das ihm seine Eltern geschenkt hatten – »Gesundheit« bedeutete.

»Super«, sagte der kleine Prinz, »die Gesundheit ist sowieso das Wichtigste, das hat meine Amme auch immer gesagt!«

Um seine Gesundheit zu erhalten und zu fördern, wünschte sich Hans von der zweiten Fee eine gute Küche, in der erlesene Speisen gekocht werden konnten, in der aber auch einfache Hausmannskost zubereitet werden sollte. »Ich denke, es ist nicht gut, wenn ich jeden Tag nur Rebhühner esse«, sagte Hans. »Wenn Rebhuhn, dann Rebhuhn und einmal im Jahr die Martinigans, klar; aber dann und wann muss auch die Fastenspeise des Buddha auf den Teller kommen und einmal in der Woche gibt's bei mir abends bloß Magerquark mit Knäckebrot und dazu eine Tasse Kräutertee!«

Und der König und die Königin lobten Hans für diesen vernünftigen Wunsch und alle staunten über den Weitblick, den das Kind besaß.

»Und was wünschst du dir von mir?«, fragte die dritte Fee. »Einen Stall mit Pferden«, erwiderte Hans wie aus der Pistole geschossen, »um auf ihnen zu reiten und Cowboy zu spielen oder besser gesagt um sie vor meine Pferdekutsche zu spannen, wenn mich einmal die Lust überkommt zu verreisen, um Abenteuer zu bestehen, Schurken das Handwerk zu legen oder den Wiener Opernball zu besuchen, mit dem Wolf zu tanzen oder sonst wie meinen Horizont zu erweitern sowie fremde Länder und Sitten kennen zu lernen und ähnliches Zeug.«

»Ein Pferdestall ist eine gute Idee!«, erwiderte die Fee und erfüllte Hans seinen Wunsch.

Von der vierten Fee wünschte sich Hans einen Swimmingpool

und einen Fitnessraum. Diese Dinge könnten in einem Haus, das »Sanitas« hieß, sicher nicht schaden, meinte Hans. »Sie werden mir gute Dienste leisten, wenn ich durch das viele Studieren müde geworden bin und Erholung brauche. Aber noch eins: Der Swimmingpool sollte bitte eine hohe Umzäunung haben, wisst ihr, wegen der Paparazzi – wenn ich vielleicht gerade mit ein paar barbusigen Blondinen …« – »Schon gewährt!«, unterbrach ihn die vierte Fee. Und wiederum staunten alle über den enormen Weitblick, den der zwölfjährige Prinz besaß.

Sicherlich hätte sich Hans noch weitere nützliche Dinge gewünscht, wäre nicht plötzlich eine dunkel gekleidete Fee erschienen. Auch sie war eine der Feen im Königreich, aber leider – wir wissen nicht, ob es in einem Anflug von Alzheimer geschehen sein mochte oder ob es sich gar um eine gezielte Brüskierung handelte – hatten der König und die Königin vergessen, die Dame einzuladen. Und so nahm denn das Unheil seinen Lauf. Denn, wie der Dichter sagt, selbst der Frömmste kann nicht in Frieden leben, wenn es dem bösen Nachbarn nicht gefällt.

»Auch ich habe dir ein Geschenk mitgebracht, lieber Hans«, sagte die Fee und lächelte böse, »hier diesen Hammer!« Mit diesen Worten übergab sie dem Prinzen einen zierlichen Silberhammer und verschwand.

»Bullshit!«, sagte Hans, um den Feen zu zeigen, dass sein Wortschatz nicht nur von der Lektüre der Klassiker beeinflusst war. »Was man mit einer Bibliothek, einer Küche, einem Reitstall oder einem Swimmingpool anfangen kann, das weiß ich. Aber wozu braucht ein Prinz so einen gottverdammten Mist wie diesen Hammer! Kann mir das vielleicht irgendeine von euch Girls erklären?«

Der Prinz haut auf den Putz …

»Hast du gesehen, wie einfallsreich unser Hans mit dem Hammer spielt?«, fragte die Königin ihren Gemahl. »Jawohl«, erwiderte der König. »Er geht rund ums Haus und klopft bei jedem Schritt an die Mauer.«

Als Hans auch am zweiten Tag mit dem Hammer ums Haus ging und bei jedem Schritt an die Mauer klopfte, dachten sich seine Eltern noch nichts Böses dabei. »Es ist der Reiz des Neuen«, sagte der König. – »Ich hoffe, du hast Recht«, seufzte die Königin.

Eine Woche später fing auch der König an, sich Sorgen zu machen, denn er sah, dass Hans Tag für Tag nichts anderes tat, als um das Haus zu gehen und mit dem kleinen silbernen Spielzeughammer – kling, kling, kling – an die Mauer zu klopfen.

»Unser Hans kommt mir vor wie die Tante Milla«, versuchte der König zu scherzen, als Hans sogar am Heiligen Abend und am Weihnachtstag nichts anderes tat, als das Haus zu umrunden und mit seinem kleinen Hammer – klingelingeling – an die Mauer zu klopfen.

»Von welcher Tante Milla redest du?«, fragte die Königin. »Meinst du etwa die Tante Milla in der berühmten Erzählung von Heinrich Böll, die jahraus, jahrein Weihnachten feiert?«

»Genau die«, sagte der König. Die Königin war entsetzt. »Aber die war doch verrückt! Willst du damit sagen, dass unser Kind nicht richtig im Kopf ist?«

Der Psychiater, der Hans gründlich untersucht hatte, zückte sein Diktaphon und fand beruhigende Worte, als er die Rohfassung seines Gutachtens entwarf. Das Kind sei völlig normal. Das Klopfen mit dem Hammer müsse nicht notwendigerweise als Symptom einer Zwangsneurose gedeutet werden. Es bestehe kein Grund zur Besorgnis. Spätestens mit dem Ende der Pubertät werde sich dieses Verhalten legen.

Hans war aber schon 18 und klopfte noch immer. Der Baumeister, den der König zu Rate gezogen hatte, weil die Königin mit der Lupe schon einige Risse im Gemäuer gesehen hatte, beruhigte die Majestäten: »Das sind nur ganz kleine Kratzer im Putz und der Putz hält bekanntlich das Haus nicht zusammen. Das macht nichts, wenn der Junge ein wenig auf den Putz haut. Davon geht die Welt nicht unter, ha ha ha! Keine Sorge, mit einem Spielzeughammer wie diesem ist ein Haus wie dieses nicht kaputtzukriegen, selbst wenn man dreißig Jahre lang klopft!«

Hans klopfte aber schon mehr als dreißig Jahre lang an die Mauer und nun waren die Schäden nicht mehr zu übersehen, die sein beharrliches Klopfen angerichtet hatte.

»So ein Haus hält was aus«, meinte der abermals zu Rate gezogene Baumeister. »Da müsste einer schon ein Leben lang klopfen, bis diese vielen kleinen Klopfer zu einer ernsten Gefahr werden können. Aber wer ist denn schon so verrückt, sein ganzes Leben lang an die vier Wände zu klopfen, in denen er wohnt?«

… bis die Gesundheit kaputt ist

Hans war so verrückt. Er klopfte und klopfte und klopfte, und es fehlte nicht an wohlmeinenden Leuten, die ihm rieten, er solle doch endlich mit diesem Unsinn aufhören, ehe es zu spät ist. Aber Hans lachte nur. »Es kann doch nicht schädlich sein«, sagte er, »bis jetzt hat es schließlich auch nicht geschadet!«

Der Arzt, der den nun schon ins reifere Alter gekommenen,

immer noch mit dem Hammer der bösen Fee klopfenden Prinzen untersuchte, sagte: »Wenn einer im Haus seiner Gesundheit ständig auf den Putz haut, Hoheit, dann ist es kein Wunder, dass er eines Tages die Rechnung präsentiert bekommt. Ihr Blutdruck bewegt sich in Schwindel erregender Höhe, Ihr Kreislauf ist im Eimer, Ihre Bauchspeicheldrüse will nicht mehr so richtig, Ihre Blutfette spotten jeder Beschreibung, Ihre Leberwerte sind unter aller Kritik, Ihre Harnsäure, Ihr Magen-Darm-Trakt, Ihr Übergewicht, Ihre Gelenke, Ihre Venen – man wird mit dem Aufzählen gar nicht fertig. Mindestens fünfzehn Krankheiten stehen vor der Tür und begehren Einlass. Mit wem wollen Sie zuerst das Vergnügen haben: mit dem Schlaganfall oder gleich mit dem Herzinfarkt?«

»Ach was«, meinte Hans, »dann mache ich halt in Gottes Namen eine Diät, ich faste ein bisschen und alles ist wieder in Ordnung.«

»Schon zu spät«, sagte die neben dem Arzt stehende Krankenschwester und lächelte böse. Da fiel es Hans wie Schuppen von den Augen und er erkannte, dass die Krankenschwester niemand anders war als die Fee, die ihm einst den Hammer geschenkt hatte.

An dieser Stelle gibt es mehrere Möglichkeiten, wie die Geschichte weitergehen könnte. Ich habe mich für die Variante entschieden, bei der Hans in der bösen Fee die Amme wieder zu erkennen meint, die ihn in seiner Kinderzeit unter ihren Fittichen hatte; die immer darauf bestand, dass er seinen Teller leer aß, damit es morgen schönes Wetter gebe, die ihn immer mit Süßigkeiten voll zu stopfen pflegte und ihm auch sonst noch mancherlei fatale Ernährungsgewohnheiten beibrachte, die Hans sein Leben lang nicht los wurde.

»Oh, Tante Milla! Du hier? Das ist aber ein Hammer!«, sagte Hans.
»Du brauchst dich nicht zu bedanken«, erwiderte die als Krankenschwester verkleidete Fee, die in Wirklichkeit auch keine Fee, sondern eine böse Hexe war und im Übrigen nur eine flüchtige Ähnlichkeit mit der ehemaligen Amme des kleinen Prinzen besaß. Aber Typen wie diese Amme gibt es eben viele; nur Hans meinte, es handle sich um einen Einzelfall.
»Mach lieber deine Rechnung mit dem Himmel, Kleiner!«, sagte die Frau, die Hans für seine alte Tante Milla hielt, die es immer so gut mit ihm gemeint hatte.
Hans blickte auf den Arzt und der Arzt nickte bedauernd. Da begriff der Prinz, dass er nach medizinischem Ermessen bald das Zeitliche segnen würde.
»Zum Teufel mit dir, Tante Milla! Dein Hammer war mein Killer!«, rief Hans. Die Hexe ließ sich das nicht zweimal sagen, lächelte noch ein letztes Mal böse und verschwand.
Hans war zum Heulen zumute. »Wieso hat mich niemand gewarnt?«, fragte er den Doktor.
»Aber Hoheit! Man hat Sie ja gewarnt!«, erwiderte dieser.
»Nicht dass ich wüsste!«, sagte trotzig der Prinz.
»Man *hat* Sie gewarnt, doch es hat nichts genützt. Sie haben selbst gewusst, wie schädlich es ist, wenn man einfach drauflosisst, ohne auf die Gesundheit zu achten. Erinnern Sie sich nicht mehr? In der Bibliothek, die Ihnen eine gute Fee geschenkt hat, gab es auch ein Regal voll mit Ratgebern für gesunde Ernährung und alle möglichen Diäten. Zum Beispiel ein Buch mit dem Titel ›Schlank werden nach Maß‹, das hatten Hoheit schon einmal in der Hand.«
»Ach ja!«, sagte der Prinz. Jetzt, wo es der Arzt erwähnte, be-

gann er sich wieder an alles zu erinnern. »Anni Voss hieß die Autorin, hab ich Recht?«

»Sehr richtig, Hoheit. So hieß die Autorin dieses Buches, das Sie damals vor vielen Jahren gelesen haben. Allerdings haben Sie bereits auf der ersten Seite des Buches zu lesen aufgehört. Nämlich dort, wo es heißt: ›Fettsucht ist schließlich kein Schönheitsfehler, sondern eine glatte Todesdrohung.‹« (Anni Voss: Schlank werden nach Maß, Bertelsmann Ratgeberverlag, Gütersloh o. J.)

»Ich dachte, das geht mich nichts an«, versuchte sich Hans zu verteidigen.

»Das war ein Fehler. Sie hätten beherzigen sollen, was da stand! – ›Schon ein Übergewicht von 30 Prozent verkürzt die durchschnittliche Lebenserwartung um die Hälfte. Obwohl wir das längst wissen, ernähren wir uns noch wie vor hundert Jahren oder zweihundert Jahren. Das japanische Sprichwort gilt immer noch: Dein Schicksal steht beim Himmel. Aber dein Essen steht in der Speisekammer!‹«

Das darf doch nicht wahr sein!

»Das darf doch nicht wahr sein!«, rief Hans. »Ich habe Tag für Tag auf den Putz gehauen, alle haben es mit angesehen und keiner hat mich gehindert …«

»Wer hätte Sie hindern können, wenn nicht Sie selber?«, erwiderte der Arzt. »Sie wussten ja Bescheid. Sie besaßen alle Informationen. Die Bücher in Ihrer Bibliothek haben Ihnen reinen Wein eingeschenkt, aber den wollten Sie nicht trinken. Selbst bei Moses und den Propheten hätten Sie schon lesen können –«

»Meine Amme ist schuld!«, unterbrach Hans den Arzt. »Die alte

Tante Milla, die mir diese unsinnigen Verhaltensweisen eingehämmert hat. Oder eigentlich meine Mutter, die mich dieser herzlosen Frau ausgeliefert hat, so dass ich die falschen Ernährungsgewohnheiten schon mit der Muttermilch eingesogen habe! Aber wenn man's recht bedenkt, ist eigentlich unser Hofkaplan an allem schuld. Der hat zwar in seinen Predigten immer wieder gesagt: ›Überfütterte Kinder verblöden!‹, aber er hätte es noch viel nachdrücklicher und beharrlicher tun sollen, damit es meiner Mutter nicht zum einen Ohr hinein- und zum andern wieder hinausgegangen wäre!«

»Natürlich!«, sagte der Arzt. »Die Amme ist schuld, die Mutter ist schuld, der Pfarrer ist schuld. Wer sein Versagen nicht wahrhaben will, findet jede Menge Sündenböcke. Den Psychiater haben Sie übrigens vergessen und dabei trifft den die Hauptschuld. Dieser verlogene Feigling hat zwar alles durchschaut, aber aus Angst, er könnte womöglich ein weniger hohes Honorar bekommen, wenn er den Horror beim Namen nennt, hat er ein Gefälligkeitsgutachten erstellt, das nachweislich falsch war. Hoheit haben ganz Recht, wenn Sie sich selber belügen. Was bleibt Ihnen denn anderes übrig? Tun Sie's nur, machen Sie sich nur etwas vor, wiegen Sie sich in allen möglichen Illusionen – davon geht die Welt nicht unter! Lügen Sie sich nur tapfer in die eigene Tasche: Alle anderen sind schuld, aber der Herr Märchenprinz, der kann nichts dafür, der ist das Opfer! Hoheit sehen das völlig richtig: *Sie* haben gehämmert und gehämmert und gehämmert, aber die anderen sind die *Täter*. Ihr Name ist Hase, Sie wussten von nichts. Aber anscheinend dürfte es mit Ihrer Intelligenz auch nicht mehr zum Besten bestellt sein. Denn wenn Sie wirklich ein so kluges Kind wären, wie man immer erzählt hat, dann würden Sie wissen …«

Ich muss den Redefluss des Doktors unterbrechen, denn so Recht er natürlich hat, aber für meinen Geschmack wird er nun doch ein wenig zu moralisierend. Schließlich heißt meine Geschichte »Hans und der Hammer« und nicht »Hans und der *Holz*hammer«.

Und so habe ich denn, um das Märchen stilgerecht zu beenden, nur noch pflichtschuldigst zu erwähnen, dass Hans, falls er nicht gestorben ist, noch lebt – es fragt sich nur, *wie*.

Fasten will gelernt sein

»Lerne fasten, genieße an gewissen Tagen weniger, tue dir Abbruch und lass dich nicht von deiner Lust bereden, du könnest es mit so wenigem nicht aushalten. Lerne fasten, lieber Christ, und bedenke, dass du nur die Wahl hast, entweder in die Fußstapfen Jesu und seiner Heiligen einzutreten oder mit dem Prasser einst zu darben. Faste und werde stark in der Beherrschung deiner selbst. Kreuzige dein Fleisch, damit der Geist frei zu Gott sich erheben möge.«

So formulierte es die »Katholische Hauspostille« für das Fußvolk der Kirche zu einer Zeit, als die Welt des Katholizismus noch heil war. Mir liegt die 1897 erschienene 86. Auflage dieses offenbar flächendeckend verbreiteten Bestsellers vor.

Da Meister des Fastens bekanntlich nur selten oder nie vom Himmel fallen, ist Fasten etwas, das man lernen muss. Das Anliegen der Autoren der »Katholischen Hauspostille« ist schon richtig. Allerdings: Mit Sprüchen wie: *»Lerne fasten, lieber Christ …«* konnte man schon ein paar Jahrzehnte später nicht einmal mehr den sprichwörtlichen Hund hinter dem Ofen hervorlocken. Selbst dort, wo die Motivationen für das Fasten *nicht* ideologisch überhöht und moralisch überfrachtet erscheinen,

sondern durchaus plausible und vernünftige Gründe für die Notwendigkeit des Fastens formuliert werden, geschieht dies in einer Sprache, die eher abschreckt als einlädt.
Da hört sich das Folgende schon viel besser an: »Fasten lässt die ursprüngliche Bedeutung des Genießens wieder finden und vertieft die Genussfähigkeit. Ein Apfel, ein Stück Brot werden wieder mit Vergnügen genossen.«
So heißt es in der 1974 erschienenen Broschüre »Türen nach innen«. Diese zum Verschenken in katholischen und evangelischen Gemeinden bestimmte »Gebrauchsanweisung für ein vertieftes Leben und Anleitung zur Meditation« öffnet schon vom Ansatz her einen völlig anderen Zugang zum Fasten als ihr Gegenstück, die »Hauspostille« aus dem 19. Jahrhundert. Die Autoren dieses Büchleins, das im besten Sinn eine »Erbauungsschrift« genannt werden darf, gehen nicht von irgendwelchen Verboten und kirchlichen Fastengeboten aus, vielmehr wird versucht, den Leserinnen und Lesern eine positive Motivation für das Fasten zu geben.

»Essen und Trinken hält Leib und Seele zusammen«, ist ein bekanntes Sprichwort mit einem scherzhaften Unterton. Es fordert suggestiv zum Vielessen auf und vor allem zum Genuss am Essen.
Ein anderes Sprichwort lautet: »Ein Vielfraß wird nicht geboren, sondern erzogen.« In ihm leuchtet keine Befürwortung, sondern eine Kritik des Vielessens auf, vor allem im Hinblick auf die Eltern und Erzieher, die schon ein Kind zur Völlerei verleiten können, ohne dass sich im späteren Leben der Heranwachsende gegen den geprägten Esstrieb mit dem Willen ganz wehren kann.

Mütter geben ihren Kindern statt Liebe manchmal umso mehr zu essen. *»Liebe geht durch den Magen.« Vielen Müttern ist gar nicht bewusst, dass sie ein Kind ablehnen oder sich durch dieses beengt fühlen, dass sie Schuldgefühle ihm gegenüber nur auf die Weise verdrängen, dass sie umso mehr Äußeres hineinstopfen, je weniger sie echte Zuneigung zu geben vermögen.*
Mangel kann gesundheitsfördernd sein. Wir haben es in Kriegszeiten erlebt, in denen man die negativen Seiten einer vitaminarmen oder überhaupt einseitigen Ernährung entdeckte, in denen aber andererseits die Gicht und andere Stoffwechselerkrankungen erheblich zurückgingen.
Die vielleicht schwerste Einbuße, die gleichermaßen den Vielfraß trifft wie den, der zwanghaft Kalorien berechnet, ist: Sie starren aufs Essen, ohne zu beachten, dass von alters her das Essen eine weit über die Ernährung hinausgehende Bedeutung besitzt; es stellt eine Verbindung zur Umwelt, zur Mitwelt, zur Schöpfung her.

(Aus »Türen nach innen«, 1974)

Die Kunst des Verzichtens

Es schadet sicherlich nicht, wenn wir uns an dieser Stelle etwas, das wir ohnehin schon wissen, von neuem ins Gedächtnis rufen: Fasten heißt im Grunde nichts anderes als sein Leben so zu führen, wie es der natürlichen Ordnung gemäß ist.
Lediglich temporär – immer dann, wenn es eben gilt, vorhandenes Übergewicht zu reduzieren oder sonstige konkrete Folgen von Ernährungsfehlern zu korrigieren, hat es den Charakter der Einschränkung und des Verzichts. Dann und nur dann

muss ich meinem Körper etwas verweigern, was er unter normalen Umständen ohne weiteres bekommen dürfte.
Aber wenn ich das Übergewicht nicht als ein Übel betrachte, das wie ein Blitz vom Himmel gefallen ist oder mich überfallen hat wie ein Wegelagerer, der mich in die Zange nimmt und mich nicht mehr loslässt, sondern beachte, dass ich dieses Fettgewebe, das mir jetzt so widerlich ist, in redlicher Kleinarbeit erworben habe – und zwar durch Speisen und Getränke, die mir keineswegs widerlich waren, sondern mir sogar hohen Genuss bereitet haben, dann könnte ich mir eigentlich mit gutem Grund sagen: Dieser scheinbare Verzicht ist in Wirklichkeit gar kein Verzicht.
Ich verweigere meinem Körper doch gar nichts, was er unbedingt brauchen würde und worauf er einen gut begründeten Anspruch hätte, wenn ich heute faste. Ich esse bloß heute um das weniger, was ich gestern schon zu viel gegessen habe.
Es war zwar nicht besonders klug und weitblickend von mir, aber so ist es nun einmal: Was ich besser erst heute besorgen hätte sollen, wollte ich offenbar nicht erst heute besorgen, sondern habe es schon auf gestern vorverlegt! Das *war* leider so und das kann ich jetzt nicht mehr korrigieren. Aber warum sollte ich das, was erst morgen, übermorgen und überübermorgen besorgt werden muss, schon heute erledigen? Das wäre doch die Fortsetzung des Unsinns von gestern mit anderen Mitteln. Und ich werde doch nicht so verrückt sein, einen Zustand, den ich als verkehrt erkannt habe und den ich ändern kann, justament zu erhalten. Oder?
Von Leonard Bernstein (1918–1990), dem amerikanischen Dirigenten und Komponisten, stammt das Wort: »Es ist die edelste Gabe des Menschen, sich zu ändern.«

Die Ernährungsfehler, die ich gemacht habe, kann ich nicht ungeschehen machen, aber ich kann verhindern, dass ich neue Fehler mache. Ich *kann* mich ändern und ich *werde* mich ändern. Denn ich *will* mich ändern. Mein Ziel ist es, vom Übergewicht zum Gleichgewicht zu kommen.
Wer sollte mich hindern, dieses Ziel, das ich mir gesetzt habe, zu erreichen? Höchstens ich selbst.

Was bisher geschah:

Nach dem einleitenden Rundblick über das Fasten haben wir versucht herauszufinden, wo der Hebel anzusetzen ist.

- *Wir haben erkannt, dass Fasten nur gelingen kann, wenn wir wirklich fasten* wollen. *Wo kein Wille, da kein Weg.*
- *Wir haben uns klargemacht, dass falsche Ernährungsgewohnheiten todsicher die Gesundheit zerstören. Trotz dieser Einsicht ist es schwer, aus der tödlichen Spirale auszusteigen.*
- *Vernünftige Überlegungen genügen nicht, um tief sitzende, oft schon in frühester Kindheit erworbene Verhaltensmuster zu ändern. Eine Einstellungsänderung kann nur gelingen, wenn sie von einer »emotionalen Panik« begleitet ist. Notfalls müssen wir uns selber bemühen, einen »heilsamen Schock« zu erleben.*
- *Es hilft nichts, wenn wir uns selbst belügen. Wenn wir weiterkommen möchten, müssen wir lernen, unsere Schwächen zu ertragen und auch auf ganz subtile Ausreden zu verzichten.*

Wie geht es weiter?

Im nächsten Kapitel werden wir uns ansehen, welche Wurzeln das Fasten hat und warum Menschen völlig unterschiedlicher Kulturen und Religionen auf die Idee kamen, zu fasten. Das gibt uns die Möglichkeit, unsere eigenen Motive besser zu klären und vielleicht sogar von den Erfahrungen anderer zu lernen, ehe wir darangehen, es auf unsere eigene Weise zu versuchen.

Drittes Kapitel

Da staunt der Laie

oder:

Warum fasten die anderen?

Der asketische Trieb ist in der Menschheit gleich tief begründet wie der entgegengesetzte. Ohne Rücksicht auf diese Tatsache ist unter Menschen keinerlei Kultur möglich. Asketischer Trieb und Lusttrieb müssen sich in gleicher Weise ausleben.

Franz Overbeck (1837–1905)

1. Fette Bäuche, feste Bräuche

Der Spruch des Oberlandesgerichts München ist rechtskräftig. Die Dienstaufsichtsbeschwerde, die eine allein erziehende Mutter mit einem behinderten Kind gegen einen Familienrichter eingelegt hatte, wurde abgewiesen. Der Richter, so hatte die Frau argumentiert, würde zu erkennen geben, dass er ihre Angelegenheit nicht ernst nehme, weil er die Verhandlung – es ging um eine Unterhaltssache – ausgerechnet für den 11.11. um 11 Uhr 11 anberaumt hatte. Das Oberlandesgericht war allerdings der Meinung, dass – egal, ob ein derartiger »kleiner Scherz« passend oder unpassend sei – bei Faschingsbeginn auch von streitenden Parteien in Familiensachen Humor erwartet werden könne.
So weit, so gut – oder auch nicht gut. Aber was um alles in der Welt hat der Faschingsbeginn mit dem *Fasten* zu tun?
Eine gute Frage. Ebenso gut könnte man freilich fragen: Seit wann hat denn der »elfte Elfte« irgendetwas mit dem *Faschingsbeginn* zu tun?

Wann beginnt der Fasching?

Jeder hat schon irgendwann einmal davon gehört. Alle Jahre wieder steht in den Zeitungen, ist im Radio und im Fernsehen zu hören und wird von den meisten Menschen selbstverständlich für richtig gehalten: dass am 11.11. um 11 Uhr 11 »der Fasching beginnt«. Aber es ist trotzdem nicht wahr – und es wird nicht wahrer, auch wenn man es noch so oft wiederholt.

Man muss keineswegs ein Historiker oder Kulturanthropologe sein, um herauszufinden, dass die Sache nicht stimmen kann. Schon der Gebrauch des gesunden Hausverstands genügt. Die Leute, die da meinen, dass am 11. November angeblich »der Fasching beginnt«, scheinen sich keine Gedanken darüber zu machen, was der Fasching, der bekanntlich erst am Tag vor dem Aschermittwoch endet, eigentlich während der Advents- und Weihnachtszeit macht. Hat man je gehört, dass am Heiligen Abend oder am Dreikönigstag Fasching gefeiert wird?

»Erlischt« der Fasching womöglich, kaum dass er begonnen hat, gleich wieder für ein paar Wochen, um dann im neuen Jahr gleichsam von neuem aufzuleben? Oder wenn nicht, wieso finden dann eigentlich in der Zeit zwischen dem Martinitag und Mariä Lichtmess keinerlei Faschingsumzüge statt?

Ungereimtheiten über Ungereimtheiten, die alle nur ganz deutlich das eine zeigen: Das Ganze ist nichts weiter als ein kleiner Scherz, den sich irgendjemand erlaubt hat. Oder der Betreffende ist, ohne es selbst zu merken, einem Irrtum aufgesessen. Was also hat es mit diesem ominösen »elften Elften« auf sich?

Blickt man tief genug in die Geschichte, ist die Sache rasch aufgeklärt. In der fränkischen Kirche des Frühmittelalters begann sechs Wochen vor Weihnachten das sechs Wochen dauernde adventliche Fasten. Also war der 11. November der letzte Tag vor dieser zweiten großen Fastenzeit im Jahr. Demnach kann keine Rede davon sein, dass an diesem Datum der Fasching beginnt. Wenn überhaupt, dann ist das genaue Gegenteil richtig. Am 11. November war kein Faschings*beginn*, sondern da ging die fröhliche Zeit des Faschings *zu Ende*!

So war es zumindest im Mittelalter, in welchem es noch einen größeren Reichtum an religiösen Festtagen gab als in der Neuzeit, geschweige denn in unserer immer feiertagsärmer werdenden Gegenwart. Am 11. November, dem Fest des heiligen Martin, war der letzte Tag, an dem sich jeder Christ den Wanst noch einmal nach Herzenslust voll schlagen durfte und sich ihn auch tatsächlich voll schlug, um die tags darauf beginnende strenge Zeit der Einschränkung besser zu überstehen.

Der letzte Gänsebraten vor dem Weihnachtsfest

Den »elften Elften« als Datum des Faschingsbeginns kennt die Weltgeschichte erst seit dem 19. Jahrhundert. Man weiß weder, von wem dieser Geistesblitz stammt, noch welche Motive der anonyme oder zumindest bis dato nicht namentlich bekannte Erfinder der fröhlichen Botschaft hatte, einen »Fake« wie diesen in die Welt zu setzen. Gut möglich, dass er sich lediglich einen Jux machen wollte und dann hinterher himmelhoch vergnügt oder aber auch zu Tode zerknirscht feststellen musste, mit welchem Bierernst man den kleinen Scherz nachplapperte, der seinem Mund entfahren war und den er nun nicht mehr in seinem Busen bewahren konnte.

Freilich wäre es genauso gut möglich, dass er einfach so wenig Ahnung von Geschichte hatte und selber für wahr hielt, was er sich da, Halbwahrheit auf Halbwahrheit türmend, zusammengereimt hatte. Höchstwahrscheinlich verdanken wir also dieses

Märchen vom Faschingsbeginn, das mittlerweile so unausrottbar ist wie Löwenzahn oder Rhododendron, einem Schlaumeier, der in alten Quellen auf die Nachricht von Fastnachtsbräuchen stieß, die es ehedem am »elften Elften« gegeben hat, und der daraus – unbelastet von weiteren Kenntnissen – den scheinbar völlig logischen Schluss zog: Wenn dem so ist, dann muss ja der Fasching eigentlich bereits am 11. November anfangen.

Begonnen hat der Brauch des heute längst in Vergessenheit geratenen langen und strengen Adventfastens auf französischem Boden. Ein Geschichtsschreiber des fränkischen Reiches berichtet, dass Bischof Perpetuus von Tours (um 420–491) auf die Idee kam, für seine Diözese *ein Fasten als Vorbereitung auf das Weihnachtsfest* anzuordnen. Und zwar sollte sechs Wochen lang jeden Montag, Mittwoch und Freitag gefastet werden, also genauso lang wie in der Fastenzeit vor dem Osterfest.

Daraus ergibt sich nun zweierlei: Erstens, dass es dann zwei Adventssonntage mehr gab, als heute üblich sind, und zweitens, dass das Fest des heiligen Martin in diesem Zusammenhang ein wichtiger Stichtag war.

Natürlich hat man diesen letzten Tag vor der Fastenzeit nicht minder üppig und ausgelassen begangen als den Tag vor dem Aschermittwoch. In dieser Fastnacht im November ist es ähnlich zugegangen wie bei der »richtigen« Fastnacht. Man tat sich an Speise und Trank und Lustbarkeiten gütlich und eine der traditionellen Festtagsschmausereien war der an diesem Tag obligate Gänsebraten, die nach dem Tagesheiligen benannte »Martinigans«.

Fasten ist ein fester Brauch

Die Grundbedeutung des Wortes »fasten« hat übrigens mit dem Wort »fest« zu tun; nicht mit dem großgeschriebenen *Fest*, sondern mit dem Eigenschaftswort *fest*. Fasten bedeutete ursprünglich »halten«, im Sinne von »festhalten, beobachten, bewachen«. Da staunt der Laie und da wundert sich der Fachmann – möchte man angesichts dieses Tatbestands sagen. Denn es ist wirklich ein wenig verblüffend, dass ausgerechnet das Moment des Gesetzlichen und der Vorschrift, die man zu befolgen hatte, das Erste und Wichtigste war, was die Germanen mit dem Fasten assoziierten. Aber »wahrscheinlich ist der wichtige christliche Begriff der Enthaltsamkeit« – wie der »Duden« in seinem Herkunftswörterbuch schreibt – »zuerst von der *ostgotischen* Kirche in dieses Wort gelegt worden, zuerst im Sinne von ›an den [Fasten]geboten festhalten‹, und hat sich von da an schon im 5. Jahrhundert zu den anderen germanischen Stämmen und den Slawen ausgebreitet«.

»Es muss feste Bräuche geben«, heißt es in Antoine de Saint-Exupérys Erzählung »Der kleine Prinz«. Aber – um wieder auf den vermeintlichen Faschingsbeginn am »elften Elften« und die zu Ehren des heiligen Martin verspeisten Gänse zurückzukommen – nicht alle Bräuche sind *gleich* fest. Manche Bräuche sind zählebiger als andere. Als der Advent um zwei Wochen verkürzt wurde, war dies weiter kein Problem. Ab sofort stellte eben nicht mehr Sankt Martin, sondern »Katrein« – womit niemand Geringerer gemeint ist als die heilige Jungfrau und Märtyrerin Katharina von Alexandrien, die genau einen Monat vor Weihnachten im Kalender steht – das Tanzen ein.

Nachdem abermals ein paar Jahrhunderte Kirchengeschichte verstrichen waren, war der gute alte Brauch des Adventfastens praktisch verschwunden und lebt heute nur noch in einigen symbolischen Gesten fort, während die Martinigans natürlich immer noch gegessen wird – und zwar keineswegs symbolisch, sondern in voller Größe und mit Rotkraut.

Wie viele Fastenzeiten braucht der Mensch?

Waren die Leute früher wirklich um so viel frömmer – oder gesundheitsbewusster – als wir, weil sie sich so viele Fastenzeiten gegönnt haben? Die Antwort kann wohl nur ein klares und deutliches Nein sein. Der mittelalterliche Mensch war nicht frömmer. Er lebte allerdings in einer geschlosseneren Gesellschaft, in welcher es einen größeren sozialen Druck gab, sich in bestimmter Weise zu verhalten, gewisse Verhaltensweisen selbstverständlich, andere hingegen verwerflich zu finden.
Und davon zu reden, dass man sich damals mehr Fastenzeiten »gegönnt« hätte, wäre der blanke Zynismus. Die Häufigkeit, mit der religiöse Oberhäupter – nicht nur in Europa und auch keineswegs nur im christlichen Bereich – Fastenzeiten anordneten, hatte oft genug ganz handfeste Gründe. Fastenzeiten korrespondierten – woran wir, in Luxus und Wohlstand aufgewachsen, kaum denken – mit der Beschränktheit der vorhandenen Mittel. Wenn sowieso nicht so viele Nahrungsvorräte da waren, dass man ohne größere Einschränkungen und Sparmaßnahmen über die harte Zeit des Winters hinweg versorgt war, war es da nicht zehnmal besser, die Gefahren einer mit ziemlicher Gewissheit zu erwartenden *natürlichen* Fastenzeit zu vermindern, indem man sich gleich freiwillig einschränkte? Und das fiel umso leichter, wenn es zur höheren Ehre Gottes geschah.
Selbst bei dem Salzburger Schriftsteller Karl Heinrich Waggerl (1897–1973), der in ärmlichen Verhältnissen aufwuchs und in

seiner Kindheit und Jugend noch genug Not und Entbehrung am eigenen Leib erfahren konnte, findet sich ein ferner Nachklang dieser Situation. Der Dichter der »stillsten Zeit im Jahr« kam in seinen adventlichen Botschaften immer wieder auf diese gleichsam natürlich verordnete Fastenzeit zu sprechen, die der armen Bevölkerung durch höhere Macht und äußeren Zwang auferlegt wurde. Diese Armut sei jedoch eine »fröhliche Armut« gewesen, betonte er; etwas, das die Menschen nicht griesgrämig werden ließ, sondern sie heiter und gelöst machte – wie dies eben jedes gute Fasten so an sich hat.

Waggerl legte denn auch den Menschen der modernen Konsumgesellschaft wärmstens ans Herz, sich eine Scheibe von dieser fröhlichen Armut abzuschneiden. »Müssten wir nicht alle«, pflegte er zu sagen, »wieder ärmer werden, um reich zu werden?« Diese aus ganz profanem Erleben gewonnene Einsicht entspricht einer uralten *religiösen* Sicht der Dinge. In der religiösen Überlieferung Indiens – in einem Text der Upanischaden – heißt es: »Verzichte und genieße das Leben!« Der Verzicht bedeutet Freiheit und nur der freie Mensch genießt das Leben, wie Sebastian Painadath, ein christlicher Theologe aus Südindien, diese Stelle erläutert: »Askese bedeutet nicht, dass wir traurige Menschen sind, sondern umgekehrt: Ein asketischer Mensch ist ein fröhlicher Mensch!«

Verzichten, um zur Freiheit zu finden – was diesen Punkt betrifft, so unterscheidet sich das Leben eines indischen Yogi nicht von dem eines Christen, der einen spirituellen Weg gehen will, meint Sebastian Painadath, der eine spirituelle Lebensgemeinschaft nach dem Vorbild der indischen Yogatradition, aber unter christlichen Vorzeichen gegründet hat. Anfangen müsse allerdings jeder bei sich selbst.

»Es ist auch eine Sache des Willens. Wenn man anders leben will, dann kann man das auch, auch im westlichen Kulturraum, obwohl so viel an materiellen Gütern vorhanden ist, an Komfort und Konsumartikeln. Trotzdem kann jemand sich sagen: Ich möchte einfacher leben, anders leben, mit weniger Dingen auskommen! Wenn man sich sagen kann, ich kann mit wenigen Dingen auskommen und bin mit weniger Dingen glücklicher, dann kann man feststellen, dass man so viele Dinge eigentlich gar nicht braucht.«

Seit wann, wie, wo und wieso

Das Fasten als religiöse Übung gehört zum großen Erbe der Menschheit. Folgt man den Gedankengängen des heiligen Basilius des Großen (um 330–379), dann ist das Fasten so alt wie die Welt. »Ehre das hohe Alter des Fastens«, sagte der zu den drei großen Kappadokiern zählende Bischof und Kirchenlehrer in einer Predigt, »denn es ist ein Zeitgenosse der Erschaffung der Welt. Schon im Paradies wurde es geheiligt!« Allerdings wurde im Paradies nicht in dem Sinn gefastet, dass sich die Stammeltern der Menschheit im Essen einschränken hätten müssen und die Kalorienmenge ihrer Mahlzeiten zu drosseln gewesen wäre. Ganz im Gegenteil! Die Geschichte vom Sündenfall Adams und Evas berichtet, dass sie von den Köstlichkeiten des Gartens Eden nach Herzenslust essen durften. Nur von den Früchten des Baumes in der Mitte des Gartens nicht.
Schon daran können wir sehen, dass es im Wesentlichen zwei unterschiedliche Formen des Fastens gibt: einerseits das so genannte *Abbruchs*fasten, bei dem man eine bestimmte Zeit – zum Beispiel einen Tag lang – überhaupt keine Speisen zu sich nimmt oder sich nur einmal sättigt; und andererseits das *Ent-*

*haltungs*fasten, bei dem man sich bestimmter Speisen enthält – also zum Beispiel an Freitagen kein Fleisch isst, wie dies früher für Katholiken üblich war.

Die Motive, aus denen heraus gefastet wird, sind ebenfalls unterschiedlich und vielfältig. Alle Jahre wieder fasteten die Creek- und Seminol-Indianer vor ihren Erntefeiern. Ebenso hielten es die Griechen beim Demeterfest in Eleusis und bei anderen Festen wie den »Hyakinthien« und den »Thesmophorien«. Die alten Römer kannten ein Fasten zu Ehren der Ceres, das »ieiunium Cereris«, und die alten Chinesen hielten aus Anlass des Frühlingsanfangs und des winterlichen Licht-Dunkel-Ausgleichs ein Fasten.

Man fastet, um *Buße* zu tun, um *Sühne* zu leisten oder um sich auf ein bestimmtes Ritual vorzubereiten. So nährt sich rein religionsphänomenologisch das Fasten des Schamanen, der sich anschickt, in Trance zu verfallen und mit der Welt der Geister Kontakt aufzunehmen, und das Fasten katholischer Kleriker vor der Spendung des Weihesakraments aus der gleichen uralten Wurzel.

Als weiteres Motiv für das Fasten kennt die Religionsgeschichte ein *Trauerfasten*. Aus Trauer fasteten zum Beispiel die nordamerikanischen Kansas-Indianer und die neuseeländischen Maori, die alten Ägypter beim Tode des Pharao, die tibetischen Buddhisten anlässlich des Buddha-Todestages oder die Chinesen bei ihrer Totenverehrung.

Das *Reinigungsfasten* der Asketen hat den Zweck, den Geist des Menschen zu »erheben« und durch den Verzicht auf Nahrung von allen Fesseln zu befreien. Das hängt mit der alten Vorstellung zusammen, dass Nahrung aus Materie besteht, die möglicherweise von dämonischen Mächten beherrscht werden könnte. Im Jinismus ist Fasten der sicherste Weg zur ewigen Seligkeit, das Verringern der Nahrungsmenge ein stufenweises »Abschütteln allen Blendwerks«.

Auch in den Reinheitsvorschriften des japanischen Shintô-Glaubens spielt Fasten im Sinne eines kultisch vorgeschriebenen Verzichts auf bestimmte Speisen eine Rolle. Vor jeder religiösen Zeremonie wird ein »harae« gemacht, ein »Wegfegen«. Der Priester spricht ein Gebet und schwenkt einen Stock, der mit Streifen aus Papier oder Stoff behängt ist, um die Unreinheit wegzufegen. Vor der Teilnahme an Kultfesten muss sich der Gläubige weiteren Einschränkungen unterziehen. Er darf kein Fleisch essen, keinen Alkohol trinken, keinen Geschlechtsverkehr haben, muss sich eine Zeit lang von den anderen absondern, bestimmte Waschungen vornehmen, bestimmte Gebete sprechen und darf nur Speisen essen, die frei von Befleckung sind und die daher an einem eigenen Feuer zubereitet werden müssen.

Das *prophetische Fasten* dient dazu, die Voraussetzungen zu schaffen, damit der Fastende offen wird, um Offenbarungen, Orakel und Visionen zu empfangen. 24 Stunden mussten die Seher des Gottes Apollo fasten, ehe ihnen ein Orakel zuteil wurde. Ebenso offenbarte sich den in den Isis-Kult Eingeweihten das »heilige Wort« nur, wenn sie fasteten. Wenn Kranke im Tempel zu Epidauros fasteten, erschien ihnen Asklepios, der Gott der Heilung.

Bei den Religionen der Naturvölker wurden die Jäger, Krieger, Medizinmänner und Priester durch das Fasten in *Ekstase* versetzt, waren dann in der Lage, die Zukunft vorauszusehen, hatten außergewöhnliches Glück im Krieg und in der Jagd und konnten alle möglichen Krankheiten heilen.

Yom Kippur, Aschermittwoch und Ramadan

Juden, Christen und Muslime fasten – wenn auch nicht immer zur gleichen Zeit, so doch aus ähnlichen Motiven und von der gleichen Wurzel her kommend. Diese große Ökumene des Fastens nahmen der Wiener Weihbischof Helmut Krätzl und der Leiter der ebenfalls in der österreichischen Bundeshauptstadt ansässigen »Kontaktstelle für Weltreligionen« zum Anlass, eine Grußbotschaft an die Islamische Glaubensgemeinschaft zu richten.

»Zur Vollendung des Fastenmonats Ramadan dürfen wir Ihnen ein Zeichen herzlichen Gedenkens und einen aufrichtigen Segenswunsch übermitteln. Wir freuen uns, dass wir diesen schönen Brauch interreligiöser Verbundenheit nun schon eine Reihe von Jahren pflegen können«, heißt es in diesem Schreiben. Und weiter: »Die Gläubigen der Buchreligionen bezeugen allesamt die Offenbarung des einen Gottes, der den Frieden der einen Menschheit beabsichtigt. Die *Übung des Fastens* bekennt, dass der Mensch nicht allein vom Brot lebt, sie setzt jedoch voraus, dass der Mensch die volle Gabe des Friedens von Gott selbst entgegenzunehmen bereit ist. Bereits die biblischen Propheten werfen den Eiferern äußerer Gesetze vor, dass sie eher zu Zank und Streit fasten als zur Ehre Gottes und zum Heil der Menschen. Sie mahnen deshalb zu einem Fasten, das den wahren Glauben erneuert und die Fesseln des Unrechts zerbricht. An uns alle ergeht mit dieser Mahnung auch die Verheißung des Segens des Allbarmherzigen, die denen gilt, die ihm aus ganzem Herzen dienen wollen.«

Das Fasten der Muslime

Im Islam sind alle erwachsenen Männer und Frauen zum Fasten verpflichtet. Ausgenommen sind kranke Personen, stillende Mütter und Reisende. Das Fasten umfasst nicht nur eine völlige Entsagung von Speisen und Getränken, sondern schließt auch den Verzicht auf andere leibliche Genüsse wie Rauchen oder Geschlechtsverkehr ein. Ein frommer Muslim sollte sich während der letzten Tage des Ramadan zum Koranstudium zurückziehen. Da das Fasten im industriellen Zeitalter oft unter unzumutbaren Bedingungen geschehen muss, hat man wiederholt versucht, das Fasten zu erleichtern. Bereits Habib Burgiba, der erste tunesische Staatspräsident, wollte im Interesse des nationalen und religiösen Aufbaus seines Landes den Umfang des Fastens auf ein Mindestmaß reduziert sehen, fand jedoch bei den religiösen Autoritäten kein Gehör für sein Anliegen. Wenigstens bezüglich der Arbeiter, die in der Schwerindustrie beschäftigt sind und stundenlang am Hochofen stehen müssen, konnte eine Erleichterung erreicht werden.

Die diesbezügliche »Fatwa« wurde im Jahr 1976 anlässlich eines internationalen islamischen Seminars in Algerien ausgestellt. Dieser Entscheidung zufolge dürfen muslimische Hochofenarbeiter während ihrer Schwerarbeit das Fasten unterbrechen, müssen die versäumten Fastenzeiten allerdings später nachholen.

Was der Koran sagt

Die islamischen Vorschriften über das Fasten finden sich in der 2. Sure des Koran (II, 184–187). »Fasten ist gut für euch, wenn ihr es begreift«, heißt es dort. Und die den Fastenmonat betreffenden Bestimmungen lauten folgendermaßen:

»Der Monat Ramadan ist der, in welchem der Koran herabgesandt ward: eine Weisung für die Menschheit, deutliche Beweise der Führung und göttliche Zeichen. Wer also da ist von euch in diesem Monat, der möge ihn durchfasten; ebenso viele andere Tage aber, wer krank oder auf Reisen ist. Allah wünscht euch erleichtert und wünscht euch nicht beschwert und dass ihr die Zahl der Tage erfüllen und Allah preisen möchtet dafür, dass Er euch richtig geführt hat, und dass ihr dankbar sein möchtet.«

Gefastet wird während des Tages bis zum Einbruch der Dunkelheit. Am Abend dürfen die Muslime wieder essen und auch mit ihren Frauen zusammen sein. »Erlaubt ist euch, in der Nacht des Fastens zu euren Frauen einzugehen. Sie sind euch ein Gewand und ihr seid ihnen ein Gewand. Allah weiß, dass ihr gegen euch selbst unrecht gehandelt habt, darum hat Er Sich gnädig zu euch gekehrt und euch Erleichterung vergönnt. So möget ihr nunmehr zu ihnen eingehen und trachten nach dem, was Allah euch bestimmte; und esset und trinket, bis der weiße Faden von dem schwarzen Faden der Morgenröte zu unterscheiden ist. Dann vollendet das Fasten bis zum Einbruch der Nacht; und gehet nicht ein zu ihnen, solange ihr in den Moscheen zur Andacht verweilt. Das sind die Schranken Allahs, so nähert euch ihnen nicht. Also macht Allah Seine Gebote den Menschen deutlich, auf dass sie sicher werden gegen das Böse.«

Von Moses bis Rabbi Zadok

Wie das Alte Testament berichtet, haben die Propheten und die Führer des Volks immer wieder selber gefastet oder dem Volk ein Fasten angeordnet.

Moses blieb 40 Tage und Nächte auf dem Sinai, ohne zu essen und zu trinken, bevor er die Zehn Gebote empfing. Der Prophet Daniel fastete vor seinen Visionen. Samuel versammelte Israel in Mizpa zu Gebet, Fasten und Sündenbekenntnis. Der Prophet Joel ordnete ein Fasten wegen einer Heuschreckenplage an. Nehemia fastete, als er für Israels Befreiung betete.

Von Rabbi Zadok (um 50 n. Chr.) wird berichtet, dass er jahrelang fastete, »auf dass Jerusalem nicht zerstört werde«.

Im Judentum wurde bei verschiedenen Nöten und Anliegen gefastet, sei es um ein Vergehen zu sühnen oder schwere Unglücksfälle abzuwenden, sei es um die Erhörung seines Gebets zu unterstützen und vor Gott »die Seele zu beugen«. Man fastete aus Trauer über den Tod einzelner Menschen oder an nationalen Unglückstagen.

Nach dem Jahre 70 wurde der Jahrestag der Eroberung Jerusalems – nach jüdischem Kalender der 9. Ab – als Fasttag begangen und der an diesem Tag erfolgten Zerstörung des Tempels gedacht. Fixer Programmpunkt im gläubigen Leben der Juden ist das Fasten am Yom Kippur, dem »Versöhnungstag«. Das Motiv der Dankbarkeit findet sich im Fasten der Erstgeborenen in den Familien, die am Rüsttag vor dem Pessachfest fasten, weil beim Auszug aus Ägypten, als die ägyptischen Erstgeborenen starben, die israelitischen Erstgeborenen verschont blieben.

Die Christen setzen neue Akzente

Fasten war in der Kirche von allem Anfang an ein fester Brauch. Man musste ihn nicht erst erfinden, sondern lehnte sich an die jüdische Fastenpraxis an. In der so genannten »Didache« – einer in griechischer Sprache verfassten Kirchenordnung, deren vollständiger Titel »Lehre des Herrn durch die zwölf Apostel an die Völker« lautet – erfahren wir, dass die Christen von Anfang an fasteten, und zwar zweimal in der Woche. Allerdings verlegten sie ihre Fasttage auf andere Wochentage, als sie bei den Juden üblich waren.

Fasteten die Juden am Montag und am Donnerstag, so übten die Christen am Mittwoch und am Freitag Zurückhaltung in Speise und Trank. Mit der Neufestlegung der Fastentermine wollten die Christen der Aufforderung ihres Herrn und Meisters nachkommen, sie sollten es nicht machen wie die Heuchler, und versuchten daher, sich schon rein äußerlich von jenem selbstgerechten pharisäischen Fasten abzugrenzen, das Jesus in seinem Gleichnis angeprangert hatte. So heißt es in der bereits erwähnten »Didache« wörtlich: »Die Heuchler fasten am zweiten und fünften Wochentag, ihr aber sollt am vierten und sechsten fasten.«

Die Wahl der Wochentage hatte einen tieferen Sinn. Bei den Juden gab es eine Verbindung zu Moses, welcher der Tradition nach an einem Donnerstag auf den Berg Sinai gestiegen war, um die Tafeln des Gesetzes zu holen, und an einem Montag wieder zurückkam. Die Christen bemühten sich einen Zusammenhang zum »zweiten Moses« – also zu Jesus – herzustellen. Der Freitag wurde als Fasttag gewählt, weil es der Wochentag war, an dem Jesus am Kreuz gestorben war; und der Mittwoch galt nach einer alten Tradition als der Tag der Gefangennahme Jesu.

Die Christen hatten mit dieser Sicht nicht nur eine plausible Begründung für ihr Tun, sondern gleichzeitig auch eine hochwertige Motivation. Dadurch, dass sie an den Tagen, an welchen man Jesus Gewalt angetan hatte, ihrerseits ihrem hungrigen Magen Zwang antaten, wurden sie ihrem Herrn und Meister ähnlich. Fasten wurde so zu einem Stück Nachfolge Christi.

Fastenzeit im Wandel der Zeit

Neben den wöchentlichen Zeiten kam ebenfalls schon sehr früh der Brauch auf, die Zeit des Osterfestes mit einem Fasten vorzubereiten. Zuerst waren es, wie man bei dem altchristlichen Theologen Tertullian (um 160–220) nachlesen kann, ein bis drei Tage, später wurde die ganze Karwoche lang gefastet, wie Athanasius (295–373) bezeugt, und schließlich wurde – mit Blick auf die 40 Tage und Nächte, die Jesus laut biblischem Bericht in der Wüste gefastet hat – die heute noch übliche 40-tägige Fastenzeit eingeführt.

Dass es in Wirklichkeit etwas mehr als 40 Tage sind, wenn man mit dem Aschermittwoch zu zählen beginnt und am Karsamstag aufhört, ist ganz leicht zu erklären. Es handelt sich um die Differenz zwischen Brutto und Netto. An den Sonntagen wurde nicht gefastet. Da durfte man dem Magen geben, was des Magens ist – ganz so wie bei den Muslimen an den Abenden des Fastenmonats Ramadan nach Sonnenuntergang.

In der Neuzeit wurde von der Kirche, pragmatisch wie sie nun einmal ist, das Fasten zwar theoretisch in alter Strenge weitergepflegt, aber mit so vielen Erleichterungen und Ausnahmen versehen, dass fast jeder, der nicht fasten wollte, eine moralisch gerechtfertigte Hintertür fand, durch die er dem unangenehmen Aspekt dieses religiösen Brauchs entschlüpfen konnte.

Kinder und Jugendliche, Schwangere, stillende Mütter, Kranke, Gebrechliche und Altersschwache, Soldaten, Leute, die als Reisende unterwegs waren und schwere körperliche Arbeit zu verrichten hatten, brauchten nicht zu fasten. Sie waren, außer am Aschermittwoch und Karfreitag, zu keiner Verringerung der gewöhnlichen Kost verpflichtet, außerdem konnte man vom Bischof oder vom zuständigen Pfarrer eine Dispens bekommen und konnte aufgrund dieser Ausnahmeregelung dann an Fasttagen Fleisch essen, ohne gegen das Gebot zu verstoßen.

Quatember, nicht nur im September

Neben der großen 40-tägigen Fastenzeit vor dem Osterfest gab es das so genannte Quatember-Fasten. Das heutzutage fast schon in Vergessenheit geratene Wort »Quatember« ist eine Abkürzung, sprachlich nach dem gleichen Prinzip gebastelt wie die »Azubis«, nur eben auf einen *lateinischen* Ausdruck bezogen: auf die vier Fastenzeiten während des Jahres, die »*quattuor tempora* anni.«

Entsprechend den vier Jahreszeiten kann man diese Fasttage auch als »Frühlings-, Sommer-, Herbst- und Winterfasten« bezeichnen, konkret jeweils die Mittwoche vor dem Sonntag »Reminiscere«, vor Trinitatis, nach Kreuzerhöhung und nach dem Fest der heiligen Luzia im Advent.

Kaum jemand wird mehr den Merkvers kennen, mit dem man sich diese vier »kleinen« Fastenzeiten einprägen konnte. Schon im Interesse des Artenschutzes und der Rettung bedrohter Kulturgüter ist es daher eine Ehrensache, diesem hübschen kleinen lateinischen Distichon wenigstens einmal im Leben begegnet zu sein:

> *Post Luciam, Cineres, post Sanctum Pneuma Crucemque*
> *Tempora dat quattuor feria quarta sequens.*

Auch die deutsche Variante dieses Merkverses, der natürlich kein elegisches Distichon, sondern ein stilgerechter Knittelvers ist, dürfte nur noch wenigen geläufig sein:

Nach Asch, Pfingst, Kreuz, Luzei
merke dass Quatember sei!

Noch kurioser ist, dass die Quatembertage auch den Namen »Fronfasten« hatten, aber nicht, wie man meinen könnte, weil man dieses zusätzliche Fasten als eine Art *Fron* empfand, sondern weil zu diesen Terminen bestimmte Abgaben zu entrichten waren. Weitere Fasttage waren die Vigilien, also die Vorabende der großen Feste. Auch der Heilige Abend war bis 11 Uhr Mittag ein Fasttag.

2. Bruder Esel hat nichts zu lachen

»Der Leib ist der Angelpunkt des Seelenheiles«, schreibt Tertullian in seiner Abhandlung »Von der Auferstehung des Fleisches«. Das ist ein schönes Wort. Nicht nur, weil es der fatalen Leibfeindlichkeit Paroli zu bieten vermag, die zwar nicht aus dem Christentum stammt, aber im Christentum geschichtsmächtig wurde. Dieses oft zitierte Wort ist nämlich auch von der Formulierung her ein *schönes* Wort, weil es sich im Lateinischen um ein Wortspiel handelt: »Caro cardo salutis.«

Nur durch einen einzigen Buchstaben unterscheidet sich das lateinische Wort für Fleisch, das auch im »Karneval« steckt, was – zumindest in der volkstümlichen Auslegung – »Fleisch, leb wohl!« bedeutet und als letzter Seufzer vor Beginn der Fastenzeit zu verstehen ist, vom lateinischen Wort für Türangel oder Drehpunkt. Das wiederum verbirgt sich hinter den »Kardinaltugenden«, denn diese sind bekanntlich nicht die Tugenden der Kardinäle, sondern die vier Grundtugenden, um die sich alle anderen Tugenden drehen.

Die Abtötungs-GmbH

Blickt man in die Geschichte der Kirche – vor allem in die Geschichte des Mönchtums –, dann wird der Leib nicht so positiv gesehen. Er ist etwas, das »abgetötet« werden muss.

Palladius (um 365–432), der selbst in Ägypten als Mönch gelebt hatte, ehe er Bischof von Helenopolis in Bithynien wurde, schildert in seinem Buch »Historia Lausiaca« das Leben der Mönche. Darin ist das kurze Interview festgehalten, das er mit einem Wüstenvater machte, den er bei der größten Mittagshitze im Freien arbeiten sah. »Warum machst du das?«, fragte Palladius den Asketen, der sich schon in fortgeschrittenem Alter befand. »Auf diese Weise tötest du doch deinen Leib.« Der Mönch sah Palladius an und erwiderte: »Er tötet mich, ich töte ihn.«

Hintergrund dieser niedrigen Bewertung des Körpers war die Überzeugung, dass Leib und Seele in einem lebenslangen Kampf miteinander stünden. Der Leib wurde nur als das Gefängnis der Seele betrachtet. »Wir dürfen dem Leib nur so weit dienen, als es nötig ist«, dozierte Basilius der Große seinen Novizen, »aber unser Bestes müssen wir für die Seele tun, um sie mit unserer Philosophie aus den Banden des sinnlichen Leibes zu befreien.«

Besonders hart formulierte es Abt Hesychios vom Sinaikloster (um 650). Gegen die Züchtigung, die dieser Mann dem Körper angedeihen ließ, ist der berühmt-berüchtigte Bußgürtel geradezu ein Trostpflaster. Der Leib »soll gegeißelt werden wie ein entlaufener oder besoffener Sklave«, damit nicht die vergängliche Erde, aus der der Leib gebildet wurde, »wie eine lichtscheue Sklavin ihre unvergängliche Herrin verachte«.

Paulinus von Nola (353–431) sagte es so: »Die Seele muss tapfer sein, um ihren Esel abzutöten.« Der Leib ist lediglich ein Lasttier, das die Seele trägt. Die abwertende Redeweise vom Körper geistert durch die ganze Kirchengeschichte. Selbst Martin Luther (1483–1546) nannte den menschlichen Körper bisweilen wenig schmeichelhaft »Madensack«.

Der Leib als Bruder Esel hatte nichts zu lachen, wenn die Asketen zuschlugen. Statt Liebe bekam er Hiebe. Hieronymus berichtet in der biografischen Schrift »Leben des Hilarion«, wie der Mönch Hilarion zu seinem Körper sagt: »Ich werde dir schon geben, wenn du wieder ausschlägst!«

Wenn es nach Klemens von Alexandrien (um 145–211) geht, dann reichen Hiebe gar nicht aus, sondern man muss diesem störrischen »Tier« gleich die Haut abziehen, zumindest symbolisch.

Pythagoras und die Orphiker

Zur »Ehrenrettung« der christlichen Denker der Spätantike muss man allerdings sagen, dass dieses leibfeindliche Gedankengut nichts spezifisch Christliches war. Solche Ansichten waren in der damaligen geistigen Welt allgemein verbreitet. Wir lesen sie bei Platon, wir lesen sie bei Cicero, wir lesen sie beim Juden Philo.

Von Pythagoras wird überliefert, dass er als erster die Vorstellung verkündet habe, die auch Sokrates äußerte, als er den Schierlingsbecher trank: dass die Seele des Menschen vom Leib »fortfliege«, ohne zu altern. Die Seele ist demzufolge unsterblich und die logische Konsequenz einer ewig lebenden Seele, die

fliegen kann, ist die Vorstellung, dass es auch eine Seelenwanderung gibt.
Pythagoras seinerseits war bei diesen Ideen von den Lehren der Orphiker inspiriert. Diese religiöse Bewegung, die nach dem Sänger Orpheus benannt ist, war nicht nur in Athen verbreitet, sondern mehr noch in Sizilien und Unteritalien, wo auch Pythagoras zu Hause war.
Zentraler Inhalt der orphischen Religion ist der Mythos von Dionysos, dem Gott des Weines und der orgiastischen Freuden. Die Titanen hatten den Gott Dionysos, als er noch ein Kind war, zerrissen und verschlungen. Das Herz des kleinen Gottes wurde aber von Athene gerettet und Zeus zeugte mit Semele einen neuen Dionysos. Zur Strafe für ihren Frevel traf die Titanen der Blitz des Göttervaters Zeus und aus ihren verbrannten sterblichen Überresten ging das Menschengeschlecht hervor, das nun aus zwei Elementen besteht: einerseits aus einem dionysischen Element – denn die Titanen hatten ja den Dionysos gegessen! – und andererseits aus dem titanischen Element, in dem das dionysische Element wie in einem Kerker oder wie in einem Grab liegt. Ziel ist es, sich durch Askese von diesem Körper zu befreien und zum reinen, geläuterten Dionysos zu werden, in dem das wahrhaft Göttliche gesehen wird.
Es ist hochinteressant zu sehen, wie nahe Leibfeindlichkeit und orgiastische Lust beisammenliegen. Der Grazer Theologe Johannes Baptist Bauer hat auf diesen Befund aufmerksam gemacht. In seiner Studie »Askese und Weltflucht« (Wort und Wahrheit 27, 1972, 403–420, 411) schreibt er, »dass die pessimistische Einstellung zur Körperlichkeit in den orgiastischen Kulten des Dionysos aus den Erfahrungen in der Ekstase stammt«.

Doch was hat das alles mit dem Fasten zu tun? Sehr viel. Denn wenn Pythagoras zum Beispiel empfiehlt, man solle Hülsenfrüchte essen und sich des Fleischgenusses enthalten, dann ist das keineswegs eine vegetarische Marotte von ihm, sondern dahinter steht ein bestimmtes religiöses Programm. Der Arzt Androkydes, ein Zeitgenosse Alexanders des Großen (356–323 v. Chr.), mag es vielleicht *auch* als eine gesundheitlich motivierte Empfehlung gemeint haben, wenn er befand: »Wein- und Fleischgenuss machen zwar den Körper stark, aber die Seele gar träge.« Aber Androkydes war ein Anhänger der Pythagoräer und als solcher wusste er über die tieferen Zusammenhänge Bescheid. Für die Pythagoräer war das Fasten bzw. der Verzicht auf bestimmte Speisen eine Möglichkeit, aus dem von den Göttern verhängten Schicksal auszusteigen und wenigstens ein Stück weit die Misere zu überwinden, in der sich das Menschengeschlecht seit unerdenklichen Zeiten befindet.

Weil Prometheus frech zu den Göttern war

Wer Fleisch isst – so lautete die Logik –, der setzt den Prozess des Schuldigwerdens fort, während die vegetarische Ernährung ein Stück *Sühne* für alte Schuld darstellt. Fleisch war verpönt, weil man der Auffassung war, dass der Mensch nichts töten und verspeisen darf, was eine Seele hat.

Solche Überzeugungen waren nicht ohne politische Brisanz. Wie später die Christen im römischen Staat gerieten diese streng religiösen Vegetarier früher oder später in Konflikt mit dem offiziellen Kult, zu dem eben die Teilnahme am Opfermahl von geschlachteten Tieren gehörte, und die Vertreter der »Staatsreligion« – wie man unter Anführungszeichen sagen könnte – hatten schon den richtigen Riecher, wenn sie in solchen neuen

Lehren einen Generalangriff auf ihr religiöses Gebäude insgesamt witterten.
Wie üblich drückten sich die religiösen Vorstellungen in einem Mythos aus. Prometheus, der alte Rebell, hatte den Göttern ein Opfer dargebracht. Er erlaubte sich jedoch die Frechheit, das Fleisch des geopferten Tieres an die Menschen zu verteilen und den Göttern lediglich die Knochen anzubieten. Damit war es aus mit der »paradiesischen« Urzeit, die bis dahin geherrscht hatte, wie wir in der »Theogonie« des griechischen Dichters Hesiod (um 700 v. Chr.), einem Gedicht über den Ursprung der Götter und die Weltentstehung, nachlesen können.
Die Orphiker meinten nun, es wäre am besten, wenn sie es so machten: Wenn wir kein Fleisch mehr essen, das von einem getöteten Tier stammt, sondern nur noch pflanzliche Nahrung zu uns nehmen, dann machen wir die Fehler unserer Vorfahren gut und können, wenn schon nicht zum ursprünglichen paradiesischen Zustand zurückkehren, so doch wenigstens teilweise die ursprüngliche Glückseligkeit wiedererlangen.

Pferdefleisch, Wildbret, Lichtfunken

»Nehmet vom Brot, wandelt es kühn in Leibes Kraft und Stärke!«, singen die Gralsritter im Bühnenweihefestspiel »Parsifal« von Richard Wagner. Der archaische Gedanke, dass der Mensch »*ist*, was er *isst*«, dass er also das, was er mit der Nahrung aufnimmt, in verwandelter Gestalt zu einem Teil von sich selbst macht, ist der geistige Hintergrund vieler Speiseverbote oder Speisevorschriften aus uralter und jüngerer Zeit.
Manches davon wirkt sogar noch bis heute nach, ohne dass man das Religiöse daran gleich auf den ersten Blick erkennen

würde. Obwohl Pferdefleisch keineswegs schlecht schmeckt, geschweige denn ein Kotzbrocken wäre, den kein Mensch hinunterwürgen kann, gilt es bei uns dennoch als ein Fleisch zweiter Klasse. Warum eigentlich?

Hier wirken Essensgewohnheiten nach, die der angelsächsische Missionar Bonifatius (um 675–754), der »Apostel Deutschlands«, vor langer, langer Zeit begründet hat. Bonifatius gab die Parole aus, dass ein anständiger Christ kein Pferdefleisch isst, denn das Pferd war ein Opfertier der Germanen. Es handelte sich also um heidnisches Götzenopferfleisch in Reinkultur. Die bekehrten Germanen sagten demnach: »Pferdefleisch? Nein danke!« Und ihre Nachkommen halten sich noch heute daran – auch wenn sie Göttervater Wotan & Co. bestenfalls im Opernhaus begegnen können.

Ein anderes Beispiel ist die traditionelle Vorliebe des Adels für Wildbret. Dem Hausverstand folgend würde man vielleicht vermuten, dass König, Kaiser und Edelmann wahrscheinlich deswegen so oft ihre endlos langen kulinarischen Wildwochen hatten, weil sie eben leidenschaftlich gern auf die Jagd gingen und die Beute auch gegessen werden musste. Die Völkerkunde weiß allerdings, dass die alten Haudegen Haustiere verschmähten und den auf freier Wildbahn erlegten Tieren den Vorzug gaben, weil sie nicht so lahm und zahm wie ein Schwein oder ein Ochs sein, sondern etwas von der wilden Freiheit der Waldtiere in sich aufnehmen wollten.

Auch die Kannibalen essen Menschenfleisch nicht, weil sie hungrig oder weil sie besonders mordlustig sind, sondern – wie Missionare bei den Papuas in Neuguinea noch im 20. Jahrhundert aus eigener Erfahrung zu berichten wussten – um sich die Macht und Stärke des Toten einzuverleiben.

Dem gleichen archaischen Aspekt einer leib-seelischen Umwandlung der Nahrung im Menschen, dieser »inneren Alchemie«, die auch mit Vorstellungen von »rein« und »unrein« verbunden ist, begegnen wir zum Beispiel auch in der Lehre des Manichäismus. Bei dieser Sekte wurde ebenfalls – wie bei den Orphikern und Pythagoräern – die vegetarische Kost propagiert, wenn auch nicht mit der gleichen Begründung. Die dualistisch und leibfeindlich eingestellten Manichäer sagten, man solle kein Fleisch essen, weil in den Tieren die Begierde vorherrsche, die Seele aber zu ihrem Aufstieg die »Lichtfunken« benötige, die nur in den Pflanzen zu finden seien.

3. Neuer Wein in alten Schläuchen

Es gibt Religionen, bei denen das Fasten zum fixen Bestand der religiösen Praxis gehört, und es gibt Religionen, die dem Fasten nicht so viel oder gar nichts abgewinnen können – wie z. B. der Parsismus, eine in Persien entstandene Religion, die sich von Zarathustra herleitet. Gefastet wird im Parsismus, wenn überhaupt, dann höchstens in Trauerfällen. Aber die Sinnhaftigkeit sonstigen Fastens sehen sie nicht ein. Anhänger dieser Religion unterscheiden sich von den in ihrem Umfeld lebenden Hindus und Muslimen durch ihr auffälliges Nichtfasten. Sie betrachten den Körper nicht als Gegner, gegen den gekämpft wird und der überwunden werden muss, sondern als etwas, das berechtigte Bedürfnisse hat, die befriedigt werden müssen.

Nimm und iss!

Die dahinter steckende Überzeugung ist quasi ein ins Positive gewendetes »Wer nicht arbeitet, soll auch nicht essen.« Wer arbeitet, der *soll* eben auch essen, da ohne die Erhaltung und Wiederherstellung der Körperkraft nicht die das Leben mit Sinn erfüllende Arbeit geleistet werden kann.

Mit dieser Art eines kritischen Vorbehalts gegen das Fasten treffen sich die im Iran beheimateten Parsen in gewisser Weise mit der Fastenkritik der jüdisch-christlichen Tradition. Sowohl die Propheten im alten Israel als auch Jesus von Nazareth und seine Nachfolger waren immer bemüht, »neuen Wein in neue Schläuche« (Lk 5,38) zu gießen.

Wie ein roter Faden zieht sich die Polemik gegen das Fasten um des Fastens willen durch die Jahrhunderte – angefangen von den Propheten im alten Israel bis zu Jesus selbst, von den Aposteln und Apostelschülern über die Kirchenväter bis zu den Theologen der Neuzeit. Nicht dass die Parole ausgegeben würde: »Fasten? Nein danke!«, aber die Haltung und die Vorbehalte gegenüber dem Fasten sind ganz klar. Knackpunkt ist dabei der heikle Aspekt, dass der Mensch immer wieder versucht ist, nicht darauf zu vertrauen, dass er durch den *Glauben* selig wird, sondern in eine »Werkgerechtigkeit« verfällt, bei der er auf seine Leistungen pocht und – noch schlimmer – aus dem Fasten letztlich eine magische Praktik machen möchte, mit der man über Gott verfügen zu können meint.

Nichtessen und -trinken allein genügt nicht. Echtes Fasten muss eingebettet sein in echte Moral. »Obwohl ihr fastet, gibt es Streit und Zank und ihr schlagt zu mit roher Gewalt. So wie ihr jetzt fastet, verschafft ihr eurer Stimme droben kein Gehör«, heißt es im Buch des Propheten Jesaja: »Ist das ein Fasten, wie

ich es liebe, ein Tag, an dem man sich der Buße unterzieht: Wenn man den Kopf hängen lässt, so wie eine Binse sich neigt, wenn man sich mit Sack und Asche bedeckt? Nennst du das ein Fasten und einen Tag, der dem Herrn gefällt?
Nein, *das* ist ein Fasten, wie ich es liebe: Die Fesseln des Unrechts zu lösen, die Stricke des Jochs zu entfernen, die Versklavten freizulassen, jedes Joch zu zerbrechen, an die Hungrigen dein Brot auszuteilen, die obdachlosen Armen ins Haus aufzunehmen, wenn du einen Nackten siehst, ihn zu bekleiden und dich deinen Verwandten nicht zu entziehen« (Jes 58,4–7).

Es ist nicht sehr sinnvoll,
einem Verhungernden
Vorträge zu halten
über den Wert
des christlichen Fastens.

Einen Verhungernden
werde ich sicher nur dann
vom Wert des christlichen Fastens
überzeugen können,
wenn ich ihm sage:

Schau, das ist für dich,
das habe ich mir
vom Mund abgespart;
nimm und iss!

(Josef Dirnbeck)

Hier Demutsgesten, dort »Do, ut des«

Fasten bei prall gefülltem Kühlschrank und Fasten mit einer leeren Reisschale in der Hand ist nicht dasselbe. Der eine fastet aus Notwendigkeit, der andere aus Freiheit.

Als unsere Vorfahren begannen, aufrecht zu gehen, und gezwungen waren, als Jäger und Jägerinnen, Sammler und Sammlerinnen zu überleben, schlug nicht nur die Geburtsstunde der Kultur, sondern wohl auch die Geburtsstunde des Fastens.

Die ersten Motive für das Fasten werden kaum religiöse Motive gewesen sein, vielmehr besteht die eigentliche Kulturleistung darin, das, was einem vom Schicksal als Notwendigkeit aufgezwungen war, zu akzeptieren und in der einen oder anderen Weise zu interpretieren.

Das zu tun, was sowieso getan werden muss, und es auch noch *gerne* zu tun heißt nach Sigmund Freud (1856–1939), durch perfekte Anpassung an die Wirklichkeit eine absolute Wunscherfüllung zu erleben. Dieser psychische Mechanismus hat auch bei den im Dunkel der Vorgeschichte liegenden Wurzeln des Fastens funktioniert. Hinzu kam die Angst, schuldig geworden zu sein und für diese Schuld, die man möglicherweise gar nicht absichtlich, sondern völlig ahnungslos auf sich geladen hat, von der zürnenden Gottheit bestraft zu werden. Tat man freiwillig Buße, indem man sich kleiner machte und »minderte« (darum werden Praktiken dieser Art in der Religionswissenschaft auch »Minderungsriten« genannt), dann nahm man die zu erwartende Strafe bereits vorweg oder reduzierte sie.

Dass im Betriebssystem der menschlichen Psyche – wenn dieser aus der Computertechnik entlehnte Vergleich erlaubt ist – tatsächlich Programme solcher Art ablaufen, kann man an gewissen Verhaltenweisen ablesen, die schon Kleinkinder an den Tag legen, ohne dass man sie ihnen eigens beibringen hätte müssen. Aber auch bei Erwachsenen gibt es mehr oder weniger subtile Selbstbestrafungsrituale, die nicht immer Zeichen einer seelischen Krankheit sein müssen. Auch im ganz normalen Alltag kann es Situationen geben, die von einer urmenschlichen Sehnsucht nach solchen archaischen Minderungsriten zeugen. Denken wir nur an den klassischen Ausruf: »Ich könnte mich ohrfeigen!«

Es besteht also nicht der mindeste Grund, hochmütig auf unsere im Neandertal oder in der afrikanischen Savanne beheimateten Vorfahren zu blicken. Im Gegenteil, je genauer wir wissen, woher wir kommen, umso besser werden wir wissen, wer wir sind, und umso demütiger wird uns das machen können.

Vergessen wir nicht: Auch die Tugend der Demut folgt letztlich derselben Logik wie ein Minderungsritus: Ich mache mich vor dem anderen, vor dem ich in Wirklichkeit Angst habe, ganz klein – damit er sieht, dass ich bereits am Boden liege und er mich also nicht erst zu Boden zu werfen braucht, um zu beweisen, dass ich der »Unterlegene« bin.

Wem eine solche Beschreibung der Demutsgeste vielleicht ein wenig zu burschikos vorkommt, der kann gern auch in der Bibel nachschlagen. Aus dem Mund von Jesus klingt es lediglich etwas frömmer, es ist aber genau das Gleiche gemeint: »Wer sich selbst erhöht, wird erniedrigt, und wer sich selbst erniedrigt, wird erhöht werden« (Lk 14,11).

Doch halt, es ist *doch* nicht ganz das Gleiche! Bei Jesus kommt nämlich noch etwas sehr Wichtiges *hinzu*. Dieser Gott, den Jesus verkündet, tritt den freiwillig Darniederliegenden nicht nur nicht nieder, sondern reicht ihm die Hand, um ihn aufzurichten. Aber dies nicht, weil der Demütige einen Anspruch darauf hätte, sondern Gott tut es aus freien Stücken, aus »Gnade«, wie es in der altehrwürdigen Sprache des christlichen Glaubens heißt – einfach deshalb, weil der Gott des Jesus von Nazareth die Güte in Person ist und sich uns Menschenkindern gegenüber verhält wie ein himmlischer Vater.

Mit diesem freien und unverfügbaren Gott, an den das Christentum glaubt, kann man daher keine Geschäfte machen. Ihn durch Opfer, Gebete und sonstige Bußleistungen zu bestechen, zu manipulieren oder zu zwingen geht schon gar nicht.

Völlig anders ist es bei den Göttern der alten Römer. Da gibt es klare und unmissverständliche Geschäftsbedingungen. Natürlich kann es vorkommen, dass sozusagen im »Kleingedruckten« die eine oder andere Fußangel versteckt ist, die der, der einem bestimmten Gott oder einer bestimmten Göttin opfert, nicht bedacht hat. Aber grundsätzlich läuft alles nach der Logik: »Do, ut des« – »Ich gebe dir etwas, damit du mir etwas gibst.« Der Mensch will von der Gottheit etwas haben – Glück, Gesundheit, Nachkommenschaft, ein heiles Nachhausekommen oder was auch immer –, also muss er auch etwas geben.

Propheten reden sich den Mund fusselig

So sehr ein solches Denken natürlich dem christlich-jüdischen Bild von Gott zuwiderläuft, es handelt sich hier doch um eine so elementare menschliche Logik, dass es selbst in den besten biblischen Familien vorkommen kann, dass Menschen an Gott irrewerden und sich fragen: Warum tut er uns das und das an, wo wir doch unsererseits ohnehin das und das getan haben!?

Nur wenige sind so glaubensstark wie Hiob, der sich auch im schlimmsten Leid nicht aus der Fassung bringen lässt, sondern

mit der größten Ruhe erklärt: »Der Herr hat gegeben, der Herr hat genommen; gelobt sei der Name des Herrn« (Hiob 1,21).
Es ist ein ewig vergeblicher Kampf, den die Propheten führen. Die Leute glauben etwas Gott Wohlgefälliges zu tun, wenn sie fasten, und wenn sie dann sehen, dass ihr Fasten nicht die gewünschte Wirkung zeitigt, rufen sie in echter seelischer Not zu Gott: »Warum fasten wir und du siehst es nicht? Warum tun wir Buße und du merkst es nicht?« (Jes 58,2).
Aber die Propheten werden nicht müde, dem Volk immer aufs Neue einzubläuen: So primitiv dürft ihr von Gott nicht denken! Gott ist kein Automat, in den man nur eine Münze hineinzuwerfen braucht, damit dann, sobald oben der Heller in dem Kasten klingt, unten Heil, Erbarmen und Rettung herausspringt.

Fastenkritik à la Jesus

Mit der gleichen Stoßrichtung polemisiert Jesus gegen die Pharisäer: »Weh euch, ihr Schriftgelehrten und Pharisäer, ihr Heuchler! Ihr gebt den Zehnten von Minze, Dill und Kümmel und lasst das Wichtigste im Gesetz außer Acht: Gerechtigkeit, Barmherzigkeit und Treue. Man muss das eine tun, ohne das andere zu lassen. Blinde Führer seid ihr: Ihr siebt Mücken aus und verschluckt Kamele« (Mt 23,23–24).
Wieder einmal ist es Johannes Chrysostomus, der es mit goldenen Worten versteht, die Probleme einsichtig zu machen. Wenn er den Gläubigen ein »gutes Leben« empfiehlt – gemeint ist ein im *moralischen* Sinn gutes Leben –, dann sagt er, sozusagen mit einem Seitenblick auf die, die da meinen, es wäre moralisch besonders wertvoll, wenn man fastet: »So hat es auch unser Herr gelehrt. ›Lernt von mir‹, sagte er, ›denn ich bin

sanftmütig und demütig von Herzen!‹ (Mt 11,29). Er sagte nicht: denn ich habe *gefastet*, obwohl er sein 40-tägiges Fasten hätte erwähnen können. Aber er tat es nicht, sondern er sagte: ›Denn ich bin sanftmütig und demütig von Herzen.‹ Und als er die Jünger aussandte, befahl er ihnen auch nicht zu fasten, sondern sagte: ›Alles, was man euch vorsetzt, das esst!‹ (Lk 10,8).«

Für alle, die jetzt den Eindruck bekommen haben, nach diesem Generalangriff würde der Patriarch überhaupt kein gutes Haar am Fasten lassen, beeilt er sich hinzuzufügen: »Ich sage das nicht, um das Fasten herabzusetzen. Vielmehr empfehle ich es aufs wärmste. Nur schmerzt es mich, wenn ihr die anderen Tugenden vernachlässigt und glaubt, die Tugend des Fastens genüge zu eurem Seelenheil, obwohl sie die geringste im Reigen der Tugenden ist.«

Reformatoren treten auf den Plan

Prediger sind oft Prediger in der Wüste und müssen nicht selten erleben, dass sie auch von den eigenen Leuten nicht gehört werden – oder dass man sich jedenfalls nicht an das hält, was sie fordern. Wäre es nicht so, müssten sie ja auch nicht so unermüdlich predigen. Aber weil es dieses menschlich-allzumenschliche Element – diesen »inneren Schweinehund« – auch in der Kirche gibt, bleibt die prophetische Botschaft stets aktuell.

Besonders krasse Blüten trieb das Frömmigkeitsverständnis im Mittelalter. Es war daher unvermeidlich, dass Reformatoren auf den Plan traten und versuchten, den Blick wieder auf das Eigentliche und Wesentliche zu richten. Denn es hatten sich Dinge breit gemacht und in den Mittelpunkt gedrängt, die im

Grunde nur eine schmale Basis haben und nur am Rande dazugehören. Zu diesen Dingen gehörte neben einer exzessiven Heiligenverehrung, einem magisch verstandenen Reliquienkult, einem zum Geschäft mit der Kirche und zu einem vermeintlichen Geschäft mit Gott ausgearteten Buß- und Ablasswesen – auch das Fasten.

»Es gibt viele, die den Gipfel der Frömmigkeit in bestimmten Örtlichkeiten, Kleidern, Speisen, Fastenübungen, Gebärden und Gesängen sehen und entgegen dem Gebot der Nächstenliebe ihre Mitchristen danach beurteilen«, lesen wir bei Erasmus von Rotterdam, der in einem seiner berühmten Dialoge genau diese Fragen behandelt.

»Das Fischessen« ist der Titel dieses Zwiegesprächs, in dem sich ein Fischhändler und ein Metzger über Wert und Unwert von Fastengeboten und anderen kirchlichen Vorschriften unterhalten. Obwohl es sich im Grunde um einen literarischen Text – um so genannte »Rollenprosa« – handelt, können wir dennoch das, was der Autor den Metzger sprechen lässt, in diesem Fall als die Ansicht betrachten, die auch Erasmus selbst vertritt.

Wer in religiösen Dingen sein Vertrauen auf Äußerlichkeiten setzt, unterstreicht Erasmus von Rotterdam, »der ist weit entfernt vom Glauben des Evangeliums; und einer, der wegen Speise und Trank, die man sehr wohl mit Recht zu sich nehmen darf, seinen Bruder verbittert, für dessen Freiheit Christus gestorben ist, der ist weit entfernt von der christlichen Liebe. Welch bittere Zänkereien sehen wir unter den Christen, was für feindselige Lästerungen wegen eines *Kleides*, das anders gegürtet ist oder eine andere Farbe hat, oder wegen der *Speise*, die uns Wiesen und Gewässer bieten!«

Nicht die feine englische Art

Ein Missstand kommt selten allein. Wo die einen so weit gehen, ein Extrem zu betonen, fehlt es nicht an anderen, die ins andere Extrem verfallen. Die kirchlichen Fastengebote und Speiseverbote wurden nicht nur übertrieben und verabsolutiert, sie wurden auch umgangen.

Es gibt die Anekdote vom bauernschlauen Abt, der einen Ochsen mit den Worten: »Ich taufe dich ›Karpfen‹« umbenennt. Auf diese Weise können er und die Mönche in seinem Kloster am Fasttag Rindfleisch essen, ohne gegen den Wortlaut des Fastengebots – Fleischspeisen sind verboten, Fisch ist erlaubt – zu verstoßen. Diese Geschichte ist so bekannt und so weit verbreitet, dass es allzu unwahrscheinlich wäre, wenn es nicht welche gegeben hätte, die so etwas – ob im Spaß oder im Ernst, sei dahingestellt – tatsächlich einmal gemacht hätten.

Wirklich verbürgt ist ein Fall aus England. Bei dieser besonders feinen englischen Art des Fastens wurde einfach, um die Fastenzeit ein wenig erträglicher zu gestalten, nach jedem Fasttag ein *Ess*tag eingeschoben. Wiederum ist unser Gewährsmann Erasmus von Rotterdam, der sich darüber mit folgenden Worten mokiert:

»In England gönnt man sich in der Fastenzeit allgemein an jedem zweiten Tag eine ordentliche Mahlzeit und niemand wundert sich darüber. Wenn aber einer, der Fieber hat, an einem Fasttag eine Hühnersuppe anzurühren versucht, tut man so, als hätte er einen furchtbaren Frevel begangen! Bei den Engländern isst man, wie bereits erwähnt, ungestraft in der Fastenzeit, obwohl es bei den Christen keinen älteren und ehrwürdigeren Brauch gibt als dieses Fasten. Aber wollte man versuchen, außerhalb der Fastenzeit an einem Freitag das Gleiche zu machen, dann würde es niemand dulden. Und fragst du, wieso, dann berufen sie sich darauf, dass dies eben in diesem Land so der Brauch sei. Sie kennen keinen Pardon mit jemandem, der den Brauch einer Gegend nicht beachtet, üben aber mit sich selber Nachsicht, obgleich sie den ältesten Brauch der Kirche nicht kennen!«

Erasmus wäre nicht Erasmus, wenn er nicht – um das Missverständnis zu vermeiden, er wolle sich womöglich zum Richter über andere aufspielen – sofort hinzufügen würde: »Ich verurteile diejenigen nicht, die die Fastenzeit zwischen Gott und dem Bauch teilen, ich weise nur auf die verkehrte Beurteilung der Dinge hin.«

Die Vertreter der Reformation hatten in der Frage des Fastens eine klare Linie. Für sie war Fasten etwas, das nicht zum zentralen Bestand des christlichen Glaubens gehörte. Sie erblickten darin eine »äußerliche Zucht« und überließen es nach dem Prinzip der Gewissensfreiheit einem jeden Einzelnen, wie er es mit dieser »alten Sitte« halten wolle.

De facto wurde in der Anfangszeit des Protestantismus noch gefastet. Erst in der Zeit der Aufklärung – um die Mitte des 18. Jahrhunderts – verschwand die Praxis des Fastens in den Kirchen der Reformation gänzlich von der Bildfläche und wurde nur noch da und dort im Rahmen privater Frömmigkeit geübt.

Frühstück in Freiburg

Erasmus von Rotterdam war zwar selber von der Gesinnung her durchaus auf der Seite des Prinzips »Ecclesia semper reformanda« – »Die Kirche hat immer Reform und Erneuerung nötig«, mochte aber den Weg nicht beschreiten, den Martin Luther ging. In Sachen Fasten war Erasmus jedenfalls, wie wir gesehen haben, ein gleich mehrfach gebranntes Kind. Nicht nur sein kurzzeitiger Aufenthalt in einem Internat in Paris, auch ein gewisses Frühstück in Freiburg ist ihm ewig unvergesslich geblieben.

Erasmus von Rotterdam hatte große Probleme mit dem Fasten. Aufgrund einer »unerklärlichen Eigenart der Natur« war es ihm schon seit seiner Kindheit unmöglich, einen Fisch hinunterzubringen. Allein schon der Fischgeruch war ihm ein ständiger Brechreiz. Denkbar ungünstige Voraussetzungen also, an Fasttagen etwas zu essen, wenn er die traditionelle Alternative zum Fleisch schlicht und einfach nicht vertrug. Als erwachsener Mann hatte der Rotterdamer immerhin eine päpstliche Dispens erhalten, die ihn von der Verpflichtung zu fasten befreite. Gut und schön, aber was tun, wenn die liebe Mitwelt daran Anstoß nahm, dass er an Tagen, da man kein Fleisch essen durfte, nicht Fisch, sondern Fleisch aß? Er konnte doch nicht mit einem Schild herumlaufen und es jedem argwöhnischen Mitchristen vor die Nase halten: »Habe leider eine Art Fischallergie und muss daher auch in der Fastenzeit ein Hühnchen rupfen!«

Die Leute in seiner unmittelbaren Umgebung wussten natürlich Bescheid und nahmen keinen Anstoß. Aber wenn er auf Reisen war, war das anders. Damals in Freiburg war gerade Fastenzeit – und was tat der stets um Versöhnung und Toleranz bemühte Erasmus? Es war ihm schlicht und einfach zu blöd, immer wieder seine Story zu erzählen, das Küchenpersonal in Verlegenheit zu bringen oder zumindest zu zusätzlichen Arbeitsleistungen zu zwingen, wenn man für den heiklen Herrn irgendwelche Extrawürste machen musste. Also redete er nicht viel, sondern würgte, um bei niemandem Anstoß zu erregen, die Fische hinunter, die er angeboten bekam. Drei Tage hielt er

das mit Ach und Krach durch, dann rebellierte sein Organismus.
Erasmus »fühlte die Krankheit drohen«, die ihm »zwar vertraut« war, wie er selber sagte, »die aber grausamer als der Tod war«. Kurz und gut: Dem guten Mann war so hundserbärmlich schlecht, dass er auf der Stelle die Koffer packte. Daheim, so wusste er, würde er wieder seine Spezialdiät zu sich nehmen: ein Hühnerei, heißen Tee sowie Mandelmilch mit Rosinen. Diese Diät hatte ihm früher schon einmal geholfen, also würde sie ihm wohl auch jetzt helfen und verhindern, dass er wieder einmal vier Wochen lang ins Krankenzimmer musste.
Als man sah, dass Erasmus Hals über Kopf aufbrechen wollte, gab es natürlich Erklärungsbedarf und Erasmus redete endlich Klartext. Sinngemäß sagte er: »Liebe Leute, wenn ich nicht schleunigst abhaue und eventuell *noch* einen Fisch essen muss, dann bin ich so kaputt, dass ich wochenlang das Bett hüten muss!« Im Originalton hört sich der Bericht, den Erasmus von seinem Erlebnis gab, so an: »Res urgebat, nisi maluissem ibi decumbere.«
Endlich hatten die Kumpel kapiert und sprachen zueinander: Ach so ist das, der Mann ist also magenkrank und leidet an Nierensteinen; wenn er fasten muss, bekommt der Ärmste ernährungsbedingt immer eine äußerst schmerzhafte Nierenkolik!
Ein Freiburger Professor – ein gewisser Ulrich Zasius, den alle als »hochgelehrten Mann« und als »die erste Autorität im Land« kannten und schätzten – ließ es sich nicht nehmen, den berühmten Kollegen zu sich nach Hause zum Frühstück einzuladen.
Der gesundheitlich angeschlagene Erasmus wäre zwar viel lie-

ber abgereist, nahm aber aus Höflichkeit – und weil er »des Wirbels schon müde war, der in einer öffentlichen Herberge nicht zu vermeiden war« – die Einladung an, allerdings unter der Bedingung, dass man ihm nichts anderes vorsetzen solle als zwei Eier. Sobald er diese gegessen habe, wolle er sein Pferd wieder besteigen.

Gesagt, getan. Oder richtiger gesagt: Versprochen und nicht gehalten. Denn der Rotterdamer hatte die Rechnung ohne die Freiburger Gastlichkeit gemacht. Natürlich hatte die Köchin im Hause des Herrn Zasius nicht nur zwei weiche Eier auf den Tisch gestellt. Als Erasmus hinkam, stieg ihm der Duft eines gebratenen Hühnchens in die Nase.

Nun freilich war der ansonsten so friedliche Humanist, der keinen Skandal wollte und der ganz genau wusste, mit welchen Argusaugen in der Fastenzeit beobachtet wurde, ob einer die kirchlichen Fastengebote beachtete – aufs höchste erbost. Erasmus aß nur die beiden Eier, hielt sich nicht weiter auf, sondern ritt zusammen mit ein paar Kollegen, die ihn begleiteten, davon.

Es nützte alles nichts. Einen Skandal gab es trotzdem. Denn es war auch in diesem Fall wieder einmal so, wie es Friedrich Schiller im »Wilhelm Tell« sagt: »Es kann der Frömmste nicht in Frieden leben, wenn es dem bösen Nachbarn nicht gefällt.«

Aber lassen wir Erasmus die Sache selbst zu Ende erzählen: »Der Duft von diesem Huhn gelangte, ich weiß nicht wie, zu den Ränkeschmieden. Von diesen wurde ein so wildes Gerücht verbreitet, als wären zehn Leute vergiftet worden. Und nicht nur diese Stadt war von der Geschichte erfüllt, sondern das Gerücht verbreitete sich fast noch am selben Tag in andere Städte, die drei Tagereisen entfernt waren …«

Der letzten, natürlich ironisch gemeinten Bemerkung können wir entnehmen, dass Erasmus Humor genug besaß, sein Freiburger Abenteuer hinterher auch von der heiteren Seite betrachten zu können. Ein bisschen Brechreiz dürfte dennoch zurückgeblieben sein, wie man sehen kann, wenn man die dann nicht mehr ganz so lustig gemeinte abschließende Bemerkung liest, die Erasmus den Freiburgern ins Stammbuch schrieb:
»Und dennoch wird in dieser Stadt während der ganzen Fastenzeit, vornehmlich aber an den Festtagen, getrunken bis zur Bewusstlosigkeit, gelärmt, getanzt und gerauft. Ganz in der Nähe der Kirche wird gespielt, so dass man die Worte der Predigt nicht versteht. Und niemand nimmt daran Anstoß.«

Nicht ganz koscher

Jemand kommt zu Besuch und muss entdecken, dass ihm seine Gastgeber etwas zu essen vorsetzen, was er nicht essen darf, weil gerade Fasttag ist oder weil ihm sonstige Speisegebote verbieten, dergleichen zu essen. Wie soll man sich in einem solchen Fall verhalten?
Die Antwort ist ganz eindeutig: Man soll sich *tolerant* verhalten. Weniger eindeutig ist schon, wem die Toleranz abverlangt wird: Soll sich zum Beispiel ein Muslim tolerant verhalten und halt in Allahs Namen von dem Schweinernen essen, das er angeboten bekommt? Oder sollen sich die christlichen Gastgeber tolerant verhalten und ihm – ihren Fauxpas auf der Stelle wieder gutmachend – schleunigst eine Lammkeule servieren?
»Juden zum Essen einzuladen ist gar nicht so einfach, vor allem, wenn man selbst kochen will. Da kann es einem passieren, dass man mit großem Aufwand versucht, für einen jüdischen Bekannten ein koscheres Menü zusammenzustellen, und stellt

am Ende des Abends fest, der Gast ist Reformjude und isst so ziemlich alles, was der liebe Gott an Gaumenfreuden auf dieser Welt bereithält.« So schreibt Stefan Meißner in einem launig formulierten Erlebnisbericht, der im Internet publiziert ist (www.christen-und-juden.de/html/texte.htm).

»Ermutigt durch diese Erfahrungen fragen wir ein jüdisches Ehepaar, ob sie nicht zu einem Snack vorbeikommen wollen. Sie nehmen die Einladung gerne an, doch als es ans Kochen geht, bestehen sie höflich, aber nachdrücklich darauf, meiner Frau über die Schulter schauen zu dürfen. Wir erfahren erstmals, was man als Nichtjude in dieser Hinsicht alles verkehrt machen kann. Dass man Milch- und Fleischprodukte nicht zusammen kochen oder servieren darf, ist uns klar. Doch dass unsere Gedecke durch dauernden falschen Gebrauch längst verunreinigt sind und dagegen auch kein noch so gründliches Spülen hilft, hatten wir nicht bedacht. Zum Glück finden wir noch ein paar Pappteller, sonst wäre das Essen wohl flachgefallen. Unsere Ahnungslosigkeit ist nicht nur uns, sondern sichtlich auch unseren Gästen peinlich, schließlich wollen sie ja nicht undankbar erscheinen. So sehen sie großzügig über Kleinigkeiten hinweg und lassen sich die Dampfnudeln schmecken.«

Multikulturelles Essen

Schon der Apostel Paulus hatte zu klären, wie sich ein Christ zu verhalten hat, wenn ihn ein Heide zum Essen einlädt (vgl. 1 Kor 10,27–29). Bei den darauf Bezug nehmenden Benimmregeln, die der frühchristliche Schriftsteller Klemens von Alexandrien notiert hat, ist zu bedenken, dass die geschilderte Situation zu seiner Zeit etwas durchaus Alltägliches war. Schließlich lebten die damaligen Christen als Minderheit in einer multikulturellen Gesellschaft und hatten es daher pausenlos mit »Andersgläubigen« und »Ungläubigen« zu tun.

»Wenn uns jemand von den Ungläubigen einlädt und wir uns entschließen hinzugehen – es ist aber gut, mit Zuchtlosen nicht zu verkehren –, so befiehlt der Apostel, alles, was uns vorgesetzt wird, zu essen, ohne wegen des Gewissens nachzufragen (1 Kor 10,27). Ebenso gebot er, auch die Waren auf dem Fleischmarkt ohne Bedenken einzukaufen (1 Kor 10,25). Wir müssen uns also der verschiedenen Speisen nicht gänzlich enthalten, doch wir dürfen keinen besonderen Wert darauf legen. Von den uns vorgesetzten Speisen sollen wir nehmen, wie es sich für einen Christen geziemt, indem wir den Gastgeber durch die unschädliche und sich in den richtigen Grenzen haltende Teilnahme an dem Gastmahl ehren, aber die Kostbarkeit der aufgetragenen Gerichte für etwas Gleichgültiges halten.«

Fasten für einen guten Zweck

Man könnte das Fasten als einen Akt ausgleichender Gerechtigkeit betrachten: Was der Körper zu viel bekommen hat, muss er wieder abgeben, wenn er zu wenig bekommt, damit der Körper insgesamt genau so viel hat, wie er braucht. Im gleichen Sinn ist es auch ein Akt ausgleichender Gerechtigkeit, wenn sich Christen bemühen, durch die Fastensuppe für die Dritte Welt oder ähnliche Aktionen »mit dem Hungernden das Brot zu brechen« und ihr Fasten zu einem »Fasten, wie es dem Herrn gefällt« (Jes 58,6) zu machen. Die archaische Regel des »Do, ut des« wird damit vom Kopf auf die Füße gestellt. Statt: »Ich gebe, damit du gibst« sagt der Mensch dann zu Gott: »Du gibst, damit ich gebe.« Denn der Gläubige weiß: Er, der Geber aller guten Gaben, hat mir meinen Überschuss und Überfluss gegeben, damit ich helfen kann.

Dieser Gedanke einer Abkehr vom Fasten um des Fastens willen hin zu einem solidarischen Fasten mit einer sozialen und karitativen Sinngebung ist so einfach zu begreifen, dass ihn auch Kinder leicht nachvollziehen können. Der Tübinger Religionspädagoge Albert Biesinger hat sich dazu in einem Zeitungsinterview geäußert (»Mit gutem Beispiel vorangehen«, Heinrichsblatt 7/02) und die Frage an einem selbst erlebten Beispiel erläutert:

»Ein kompletter Nahrungsentzug kommt für Kinder natürlich nicht in Frage. Auch eine Einschränkung nur um der Einschränkung willen ist nicht im Sinne des Erfinders. Der eigentliche Sinn des Fastens besteht darin, sich vom Konsum zu befreien, um aufmerksamer für Gott und die Mitmenschen zu werden. Wenn man das Fasten unter diesen Vorzeichen sieht, dann ist es auch für Kinder sinnvoll. Natürlich kommt alles auf eine verständnisvolle Vermittlung an. Wenn man einem Fünfjährigen sagt, wir essen jetzt weniger Schokolade, damit wir das gesparte Geld einem armen Kind geben, dann versteht er das durchaus. Wenn die Eltern motiviert sind und ihren Kindern den Sinn des Fastens erklären, dann macht der Nachwuchs meist gerne mit. Als meine Kinder noch zu Hause waren, gab es bei uns in der Fastenzeit freitags mittags nur Reis, ohne irgendwelche Soßen oder Beilagen. Es hat unseren Kindern damals schon imponiert, dass wir das gemacht haben. Das gesparte Geld haben wir dann für Kinder in einer peruanischen Partnergemeinde gesammelt. Der Lerneffekt war klar: Wenn ich mich an einer Stelle in meinem Konsum zurückhalte, dann kommt das anderen zugute, die schlechter dran sind.«

Fasten für einen guten Zweck ist etwas Uraltes unter Christen. Bereits beim Athener Philosophen Aristides (um 135), der zur Zeit Kaiser Hadrians eine »Apologie« – also eine Verteidigungsschrift für die gesellschaftlich angefeindeten Christen – verfasste, kann man lesen: »Wenn jemand unter den Christen arm ist oder in Not gerät, während sie selbst keine überflüssigen Mittel haben, so fasten sie zwei oder drei Tage für ihn. So können sie dem Armen geben, was er an Nahrung braucht.«

Was die einen beeindruckt, ärgert die andern. Kaiser Julian Apostata (331–363) konnte sich furchtbar aufregen, dass die Christen nicht nur Christen zu essen gaben, sondern gewissermaßen illegal in fremden Revieren grasten: »Diese gottlosen Galiläer ernähren außer ihren eigenen Armen auch noch die unsern!«

Was bisher geschah:

Wir haben bereits eine ganze Menge über das Fasten erfahren. Beispiele und Lebenszeugnisse von Menschen mit reichlich unterschiedlicher religiöser und kultureller Herkunft haben uns gezeigt, welchen Sinn das Fasten hat, wie es gelingen kann und wie man damit scheitert.

- *Wir wissen noch besser über die Gründe Bescheid, die es sinnvoll erscheinen lassen, uns nicht nur für das Fasten anderer zu interessieren, sondern selbst zu fasten.*
- *Der Blick in die Kulturgeschichte ist ebenso ernüchternd wie ermunternd. Wir wissen, wie wir es sicher nicht machen wollen, und ahnen, wie unser Weg des Fastens aussehen könnte.*

Wie geht es weiter?

Im nächsten und letzten Kapitel werden wir uns die Frage stellen, ob es neben den tausendundein Diäten nicht doch den Geheimtipp einer Diät gibt, die alles das hält, was die anderen nur versprechen. So, wie beim Zunehmen jeder seines Unglücks Schmied ist, hat jeder die Chance, beim Abnehmen zum Schmied seines eigenen Glücks zu werden. Neben den praktischen Tipps für das Fasten werden wir noch über unsere Bedürfnisse und das Ideal der Bedürfnislosigkeit nachdenken und nachprüfen, was der Spruch »ein gesunder Geist in einem gesunden Körper« eigentlich besagt.

Viertes Kapitel

Wir wollen niemals auseinander gehn

oder:

Wie faste ich richtig?

Hört's im Osten,
hört's im Westen:
»Nur durch Fasten
geht's zu Festen!«

Julius Langbehn

1. Die beste Diät

»Holzhacken ist deswegen so beliebt, weil man bei dieser Tätigkeit den Erfolg sofort sieht«, sagte Albert Einstein (1879–1955), der Erfinder der Relativitätstheorie. Wer abnehmen will und zu fasten begonnen hat, möchte natürlich ebenfalls möglichst rasch einen Erfolg seines anstrengenden Tuns sehen. Aber so schnell wie beim Holzhacken geht es leider nicht. Man kann sich noch so oft auf die Waage stellen, aber die Kilos gehen nicht schneller runter, als sie raufgekommen sind.

Der Traum vom schnellen Erfolg

Nur ein Anfänger, der es wirklich zum allerersten Mal versucht und noch durch keinerlei Erfahrung gewitzigt ist, wird es bereits für einen eindrucksvollen Beweis für die Wirksamkeit seines Fastens halten, wenn die Waage schon am zweiten Tag ein oder zwei Kilo weniger anzeigt. Ein gut informierter Beginner wird diesen Fehler erst gar nicht machen. Denn er weiß schon von vornherein, dass er in so einem Fall nicht sein Körpergewicht wiegt, sondern bloß *sich* in Illusionen wiegen würde, wenn er den Flüssigkeitsverlust im Körper, der mit den ersten Fastenmaßnahmen einhergeht, für einen Abnehmerfolg hielte. Eine Flasche Mineralwasser oder ein Liter Tee bringen jedes scheinbar schon abgenommene Kilo Gewicht im Nu wieder zurück.

Wenn ich abnehmen will, muss ich den Traum vom schnellen Erfolg als das betrachten, was er ist: nur ein Traum. Die Wirklichkeit ist viel nüchterner und humorloser. Abnehmen ist eine mühselige Kleinarbeit. Die Waage ist ein wichtiges Kontrollinstrument, aber ich darf nicht auf sie starren wie das Kaninchen auf die Klapperschlange. Es bringt nichts, wenn ich gleich ein paar Mal am Tag auf die Waage steige. Ich mache mir nur falsche Hoffnungen oder bereite mir unnötige Ängste. Jeder Arzt, Apotheker oder Diätsachverständige wird mir sagen, dass das Auf und Ab des Gewichts innerhalb kürzerer Zeitintervalle ganz unterschiedliche Gründe haben kann.

Für den *dauerhaften* Gewichtsverlust, um den es beim Abnehmen einzig und allein geht, zählen nur die paar Dekagramm Fettgewebe pro Tag, um die der Körper tatsächlich schrumpft. Und um diesen »Schrumpfungsprozess« zu kontrollieren, genügt es, wenn ich einmal in der Woche auf die Waage steige – möglichst immer zur gleichen Zeit und unter gleichen Bedingungen, nicht einmal leer gepumpt bis auf den letzten Tropfen, aber dafür das andere Mal mit vollem Bauch und vollem Darm.

Wer fastet, braucht einen langen Atem. Auch wer nach Santiago de Compostela pilgert, kann nicht davon ausgehen, dass er schon am ersten Tag ans Ziel kommt, sondern muss wissen, dass er vorher viele Etappenziele zu erreichen und viele Durststrecken zu überwinden hat.

So, wie die Stadt Rom nicht an *einem* Tag erbaut worden ist, ist mein stattliches Übergewicht ebenfalls nicht an einem einzigen Tag zustande gekommen. Es ist kontinuierlich gewachsen, Tag für Tag, Woche für Woche, Monat für Monat. Wie sollte es da innerhalb weniger Tage oder gar Stunden abgebaut werden können? Alles auf der Welt braucht seine Zeit – außer Fastfood, das geht so schnell wie Holzhacken; aber den Erfolg des Fastens erlebt man nun einmal nicht im Schnellzugtempo.

Diäten, die mir versprechen, mich innerhalb kürzester Zeit rank und schlank zu machen, versprechen mir mehr, als sie halten können. Noch dazu, wenn sie mir vorgaukeln, ich könnte dieses Ziel erreichen, ohne die Anstrengung des Fastens auf mich nehmen zu müssen. Schon der gesunde Hausverstand wird mir sagen, dass es mit solchen Wunderdiäten nicht weit her sein kann. Gäbe es sie wirklich und wären sie tatsächlich wirksam, dann hätte sie ihr *Erfolg* überflüssig gemacht.

Welcher Mensch würde sich die Mühe machen, eine Feder in Tinte zu tauchen, um ein kleines Briefchen zu schreiben, das ein reitender Bote umgehend zum Adressaten bringt, wenn es eine Möglichkeit gäbe, dem Adressaten den Inhalt des Briefchens – zum Beispiel die simple Frage: »Hast du Zeit, heute Abend in meinem Hause zu speisen?« – auf viel einfachere Art zukommen zu lassen? Der Siegeszug des Telefons hat bewiesen, dass die Werbung Recht hatte, als sie dieses Wunderding, das es mir ermöglicht, mit jemandem zu sprechen, der sich ganz woanders befindet, in höchsten Tönen anpries.

Wo aber bleibt der Siegeszug der Wunderdiäten, die es mir erlauben abzunehmen, ohne zu fasten? Die Kleiderfabriken hätten die Produktion von Übergrößen mangels Nachfrage einstellen müssen und Tonnenladungen von Produkten, die bisher in Reformhäusern, Apotheken und in den Regalen der Kaufmärkte angeboten wurden, wären unverkäuflich. Denn jeder vom Problem Übergewicht Betroffene hätte sich längst seine lästigen Kilos vom Leibe geschafft, wenn es wirklich so einfach ginge.

Allein die Tatsache, dass wir nach wie vor in einer Welt leben, in der es Dicke und Mollige gibt, beweist zur Genüge, dass im Bereich Gewichtsreduktion und Abmagerung *keine* Wunder gewirkt werden können, auch wenn noch so viel Gutgläubigkeit vorhanden ist.

Als Jesus davon sprach, dass der Glaube Berge versetzen kann (vgl. Mk 11,23), hat er ganz bestimmt nicht die *Fett*berge gemeint. Wenn wir den Mann aus Nazareth richtig verstanden haben, dann gehören diese zwar selbst verschuldeten, aber dennoch unerwünschten Erscheinungen eher zur Kategorie jener bösen Geister, die nur »durch Beten und Fasten« ausgetrieben werden können (vgl. Mt 17,21), jedenfalls nicht *ohne* Fasten.

Es gibt keine Wunderdiäten

Eine Diät kann nur leisten, was physikalisch und biochemisch möglich ist. Selbst bei radikaler Nulldiät geht es nicht anders zu als in der ersten lauen Frühlingsnacht. Die Schnee- und Eismassen, die sich den Winter über angesammelt haben, verwandeln sich nicht mit einem Schlag in Schmelzwasser, bloß weil das Thermometer keine Minusgrade mehr anzeigt, sondern es kommt ein Prozess in Gang, der seine Zeit braucht.

Winzige Tröpfchen des geschmolzenen Eises vereinigen sich mit anderen, immer neu entstehenden winzigen Tröpfchen, bilden ein kleines Rinnsal, das zunächst kaum die Straße benetzt und dann auf andere Rinnsale trifft, um mit ihnen gemeinsame Sache zu machen. Erst nach vielen, vielen Stunden beharrlichen

Schmelzens merkt auch das Auge, dass das Gebirge von Eis und Schnee etwas kleiner geworden ist.

Der Körper merkt freilich sofort, was gespielt wird. Wie die Bäume und die Wiesen in der lauen Frühlingsnacht aufjubeln, weil sie merken, dass endlich wieder einmal die Winterstürme dem Wonnemond weichen, jubelt auch mein Körper auf, wenn ich ihm zu seiner großen Überraschung – wo ich mich doch ihm gegenüber sonst immer als ein unglaublich strenger und uneinsichtiger Chef benommen habe – plötzlich einen arbeitsfreien Tag schenke bzw. einen Tag, an dem zumindest die Abteilung »Essen und Verdauen« Ruhetag hat.

Wenn ich einmal einen Tag lang überhaupt nichts esse, wird mein Körper nicht weinen und wehklagen. Im Gegenteil. Mein Organismus wird sich darüber freuen wie über jeden sonstigen entschlackenden »Reistag« oder »Obsttag«, den ich ihm gönne. Solange wir in einer religiös geordneten Welt lebten, gehörten solche körperlichen Ruhetage zum Standardprogramm. Die Fastenzeiten waren fix eingeplant. Selbst der fleischfrei gehaltene Freitag hatte einen nicht zu verachtenden gesundheitlichen Nebeneffekt. In Zeiten religiöser Emanzipation muss freilich jeder selbst dafür sorgen, dass er zu dem kommt, was er braucht, jedoch nicht mehr automatisch »geliefert« bekommt.

Einen Tag lang überhaupt nichts zu essen führt bei einem gesunden Menschen sicher zu keinen akuten Mangelerscheinungen. Zumindest kann man sagen: Der Segen, den ein solcher Fasttag mit sich bringt, ist weit größer als irgendwelche möglicherweise vorhandenen unerwünschten Nebenwirkungen.

In unserem Leben gibt es immer wieder Situationen, in denen hoch erwünschte Freuden mit weniger erwünschten, durchaus entbehrlich erscheinenden Unerfreulichkeiten vermischt sind, so dass wir sie nur – wie wir sagen – »mit einem lachenden und mit einem weinenden Auge« überstehen können. Was ist also schon dabei, wenn wir am Abend eines herrlichen Fasttags mit einem *krachenden*, aber *lachenden* Magen zu Bett gehen!

Radikale Nulldiät über einen längeren Zeitraum hinweg, vor allem, wenn sie ohne ärztliche Kontrolle geschieht, ist allerdings nicht unbedingt empfehlenswert. Zwar zwinge ich meinen Körper, wenn ich ihm keine unmittelbar verwertbare Nahrung zuführe, dass er von den Fettpolstern zehrt, die er angelegt hat, als ich ihm Nahrung im Übermaß gegönnt habe. Aber wenn ich Pech habe, startet der Bursche, bestürzt über den Schock, nichts mehr verdauen zu dürfen, auf der Stelle ein Notprogramm. Statt hemmungslos die angesammelten Fettvorräte abzubauen, wie ich es als Übergewichtiger zu Recht von ihm erwarte, hält es der Körper für besser, der Devise des Weltspartags zu folgen: »Spare in der Zeit, dann hast du in der Not.« Und da er weder weiß, dass es sich lediglich um eine *künstlich* herbeigeführte Hungersnot handelt, noch wissen kann, wie lange sie währen wird, bemüht sich mein wackerer Body, mit möglichst wenig Energie auszukommen, statt die schwabbelige »eiserne Ration«, die ich ihm nur allzu gern zum Fraß vorwerfe, möglichst verschwenderisch zu verprassen.

Mit anderen Worten: Ich hungere, aber es nützt überhaupt nichts und der lachende Dritte wäre wieder einmal mein innerer Schweinehund, der nur zu gut weiß, wie lange es dauert, bis er wieder das Heft in der Hand hat, weil ich, vom Misserfolg demoralisiert, mein Fasten breche.

Wer nicht ganz gesund ist, muss sich beim Fasten nach der Decke seiner Möglichkeiten strecken. Zuckerkranke wissen zum Beispiel, dass für sie gewisse Dinge tabu bleiben müssen,

auch wenn sie das Fasten nicht gefährden würden, sondern ihm sogar förderlich wären.
Krankheitsbefunde können das Fasten sowohl erleichtern wie erschweren. Wer an einer chronischen Übersäuerung des Magens leidet und gelernt hat, das unangenehme Sodbrennen zu »bekämpfen«, indem er schnell eine Kleinigkeit isst, wird sich schwerer tun, genau auf diese sich summierenden »Kleinigkeiten« zu verzichten, als ein Mensch mit einem problemlosen Magen. Und wer unter Gichtanfällen leidet und erfahren hat, wie schnell die Beschwerden durch strikte Einhaltung einer Diät verschwinden, braucht auf gewisse Dinge gar nicht erst feierlich zu verzichten – im Gegenteil, er wird froh sein, wenn er beim Fasten nicht gezwungen ist, etwas zu essen, was ihm wieder von neuem höchst schmerzhaft den Pfahl ins Fleisch rammt.

Vogel friss oder stirb!

Um die Warnung vor einem unüberlegten oder zu wenig durchdachten Fasten zu unterstreichen, möchte ich von einem Fall berichten, wo der Versuch, durch ein radikales Heilfasten an Gewicht zu verlieren, beinahe in den gesundheitlichen Ruin geführt hätte.
Zwei nicht mehr ganz junge, aber auch noch nicht sehr alte Damen aus meinem Bekanntenkreis hatten mit viel Optimismus zu fasten begonnen und bemühten sich, alles so zu machen, wie es sich gehört: Kräutertee, Gemüsesäfte, Glaubersalz zur Darmentleerung und dergleichen.
Animiert zu ihrem Unternehmen wurden sie durch eine Ordensfrau, die ihnen erzählt hatte, bei ihnen im Kloster würde der ganze Konvent jedes Jahr in der Fastenzeit eine Woche lang eine Kur durchführen, die vor allem darin bestehe, dem Körper

keinerlei feste Nahrung zuzuführen. Körper und Geist würden durch diese Fastenmaßnahme »geläutert und sublimiert«.
Die eine der beiden musste schon nach einem Tag Schluss machen, weil sie einen veritablen Kreislaufkollaps erlitt. Die andere, deren Gesundheit offenbar etwas robuster war, hielt etwas länger durch, bis sie merkte, dass sich auch bei ihr statt der erhofften Leichtigkeit des Seins eine immer größer werdende Unerträglichkeit breit machte.
»Ja, habt ihr denn nicht, ehe ihr mit dieser Kur begonnen habt, einen Arzt konsultiert oder wenigstens den Blutdruck gemessen?«, fragte ich, als mir die beiden Frauen – lange nach dem fehlgeschlagenen Fastenexperiment – eher belustigt als betrübt von ihren Erfahrungen berichteten.
Die Damen schüttelten den Kopf. Sie hatten gar nicht daran gedacht, dass so etwas unter Umständen sinnvoll hätte sein können. »Die Nonne hatte uns ein Merkblatt überreicht, auf welchem angegeben war, was an den einzelnen Tagen beachtet werden muss«, sagten sie.
Da hatten die beiden also ihr Vertrauen auf ein Stück Papier gesetzt und gemeinsam begonnen, gewissenhaft alles zu tun, was geschrieben stand, in der Hoffnung, dass sich auch die mit der Schrift verbundene Verheißung erfüllen werde. Aber was geschah in Wirklichkeit?
»Für den Anfang war eine gründliche Reinigung des Verdauungstraktes vorgesehen«, sagte die eine. »Als bewährtes Mittel war Glaubersalz angegeben. Sei es nun, dass die Dosis zu hoch war und der Körper dadurch zu sehr ausgelaugt wurde, oder sei es, dass dieses Mittel beim Organismus meiner Freundin eine Überreaktion hervorgerufen hatte, jedenfalls bekam sie noch im Laufe des ersten Tages überaus heftige Kopfschmerzen. Ihr Ge-

sicht war kreidebleich, der Puls war kaum noch zu spüren. Schmerztabletten schienen mir in dieser Situation nicht das Richtige zu sein, feste Nahrung ebenso wenig. So flößte ich ihr ein paar Löffel Honig ein und der Honig wirkte Wunder.«
Nach ungefähr einer Viertelstunde kam wieder Leben in die Frau, die es den fastenden Nonnen hatte gleichtun wollen. Nun war sie wenigstens wieder stark genug, um ein kleines Stoßgebet zum Himmel zu schicken. »Lieber Gott, lass alles wieder gut werden!«, betete sie. »Lass mich morgen wieder essen!«
Und so geschah es. Das Gebet wurde erhört. Es wurde alles wieder gut und am nächsten Morgen wurde wieder gegessen.

Alles mit Maß und Ziel

So sehr ich immer dafür plädiere, nicht nur aus den eigenen Erfahrungen, sondern auch aus den Erfahrungen anderer zu lernen und den weisen Rat des Apostels zu beherzigen: »Prüft alles, und das Gute behaltet!« (1 Thess 5,21), muss dennoch einschränkend gesagt werden: Es muss nicht alles und jedes, was für irgendjemanden gut und nützlich gewesen ist, deswegen auch schon für mich gut und nützlich sein. Was nützt es mir, wenn die Wüstenrose zu mir sagt: »Sieh nur, mit wie wenig Wasser man auskommen kann!« – ich aber leider keine Wüstenrose bin, sondern eine Topfpflanze, die schon nach ein paar Stunden den Kopf hängen lässt, wenn sie nicht gegossen wird?
Mit anderen Worten: Wer nicht sicher ist, dass sein Körper den Anforderungen einer bestimmten Diät standhalten wird, sollte keine solche Diät machen – oder er sollte zumindest vorher seinen Gesundheitszustand überprüfen lassen.
Saftkuren und Trinkdiäten mit künstlich unterstützter Entleerung des Darms sowie sonstige Diäten, die aus einem Menschen

einen Hungerkünstler machen möchten, sind nicht nach meinem Geschmack. Solche Diäten sollen Leute machen, denen das Hungern Spaß macht. Fasten heißt verzichten, selbstverständlich; aber wer fastet, sollte meiner Meinung nach nicht auf das *Essen* verzichten, sondern nur auf das »zu viel«.

»FdH« – das berühmte »Friss die Hälfte« – ist an und für sich eine sehr gute Methode zu fasten. Es kann aber auch gründlich ins Auge gehen, wenn nicht klar ist, wie groß die Menge ist, von welcher die Hälfte gegessen werden soll. Die Hälfte von dreimal so viel, als genug wäre, ist immer noch viel zu viel. Und was ist, wenn einer, der sowieso schon am Rande des Existenzminimums dahinisst oder seine Ernährung schon von Natur aus auf Reduktionskost umgestellt hat, um die Hälfte weniger essen würde? Das gute Prinzip, seinem Körper weniger zu geben, als er braucht, kann sich leicht ins Gegenteil kehren, wenn man dem Körper *zu wenig* gibt.

Eine Reduktionskost mit einem Energiegehalt von nur 1000 oder noch weniger Kalorien am Tag kann kurzfristig durchaus sinnvoll und zielführend sein. Langfristig gesehen, so lehrt die Erfahrung, sollte die Ernährung allerdings 1200 Kalorien täglich nicht unterschreiten, es sei denn, ich hätte das perverse Bedürfnis, mir möglichst zielstrebig jenen ominösen »Heißhunger« anzuzüchten, der meine löblichen Fastenbemühungen nur umso schneller wieder zunichte macht.

Wer fastet, braucht das richtige Augenmaß. »Zu wenig und zu viel« ist, wie das Sprichwort auch in diesem Fall mit Recht sagt, »des Narren Ziel.« Fasten heißt nicht hungern. Man muss dem Körper geben, was der Körper braucht. Denn der Mensch lebt nicht von der Abtotung allein, sondern auch vom Essen. »Abtötung« ja, wenn es um das Killen lebensunwerten Übergewichts geht. Aber wer sich krank oder kaputt hungert, hat genauso einen Vogel wie einer, der »frisst und stirbt«.

Es gibt ein »Geheimrezept«

Ich kann es nicht oft genug wiederholen: Richtig fasten heißt richtig leben. Kinder bekommen manchmal gesagt: »Iss nicht wie ein Ferkel!« Aber was als pädagogischer Vorwurf gemeint ist, könnte in einem anderen Sinn ein großes Kompliment sein. O wären wir nur imstande, so zu essen wie das liebe Vieh! Dann wäre alles kein Problem. Dann wäre in puncto Ernährung das Paradies ausgebrochen. Denn »die Tiere wissen, wann sie genug haben« – wie ein weiterer Pädagogenspruch sagt.

Aber leider ist uns das Paradies der gesunden Instinkte schon frühzeitig ausgetrieben worden durch falsche Ernährungsgewohnheiten, die wir gelernt haben – nicht für die Schule, sondern dummerweise gleich für das ganze Leben.

Besonders fatal ist, dass wir *mit zweierlei Maß* essen. Wir essen, weil es uns so gut schmeckt, und wir mästen uns, weil es uns mies geht. Aber egal, ob man aus Lust oder aus Frust mampft, der Wohlstandsbauch ist nicht weniger ungesund als der Kummerspeck.

Da nützt es auch nichts, wenn wir den Wortlaut des alten Schlagers ironisch zu einem Fastenvorsatz umfunktionieren: »Wir wollen niemals auseinander gehn …« Denn wir *gehen* auseinander, aber bedauerlicherweise bloß in die Breite. Dabei käme es darauf an, »in sich« zu gehen und endlich richtig zu fasten. Es fragt sich nur, wie.

Welche Diät ist die »richtige«? Die Kartoffel-Diät oder die Original-Reis-Diät? Die Ananas-Diät oder die Ahornsirup-Diät? Die Mond-Diät oder die Montignac-Diät? Die Mittelmeer-Diät oder die Hollywood-Diät? Die Asien-Diät oder die Kreta-Diät? Die Brigitte-Diät oder die Max-Planck-Diät? Die Wochenend-Diät oder die Quick-Diät? Die Original Hay'sche Trennkost oder die Toronto-General-Hospital-Diät? Die Psycho-Diät oder das Pritikin-Programm für Gesundheit und Fitness? Die Punkte-Diät oder die 1500-Kalorien-Diät? Die Scarsdale-Diät oder die Mayo-Diät? Die Blutgruppen-Diät oder die Trink-Kur? Die Fit-for-Fun-Diät oder die Weight-Watchers-Diät? Die Nudel-Diät oder die Pudel-Diät? Die Vollwert-Diät oder die Null-Diät?

Wenn mich jemand fragt, ob es eine Diät gibt, die man meiner Kenntnis nach uneingeschränkt empfehlen könnte, oder ob da nur die tausendundein Diäten wären, die alle zu wünschen übrig ließen, dann gibt es zwei Möglichkeiten, wie ich meinem Gesprächspartner antworte.

Entweder ich sage: »Ja, du hast Recht, die eine und allein selig machende Diät gibt es nicht. Es gibt nur eine Vielzahl von Diäten, die alle zu wünschen übrig lassen. Abgesehen von den unsinnigen und total verrückten Abnehmempfehlungen, über die wir gar nicht zu reden brauchen, haben auch die ernst zu nehmenden Diäten alle ihre Tücken, weil sie in der einen oder anderen Weise einseitig sind. Sogar die besten von ihnen – zum Beispiel die Brigitte-Diät oder die Kreta-Diät, die bei objektivierenden Bewertungen wegen ihrer Ausgewogenheit, wegen ihres Abwechslungsreichtums und ihrer leichten Handhabbarkeit in der Regel sehr gut abschneiden und als absolut empfehlenswert eingestuft werden – sind trotz allem nicht nach jedermanns Geschmack. Was übrigens bereits Johann Wolfgang Goethe geahnt zu haben scheint, als er sagte: *Eines* schickt sich nicht für *alle*!«

Oder aber ich verblüffe meinen Gesprächspartner, indem ich bedeutungsvoll mein Haupt wiege und weise lächelnd erwidere:

»Selbstverständlich gibt es *die* richtige Diät und jeder kennt sie seit langem.« In der Tat gibt es eine verblüffend einfache, allgemein bekannte Antwort auf die Frage nach der richtigen Diät und man kann sich nur wundern, wieso es trotzdem so viele Bücher über das Fasten gibt und immer wieder neue und noch neuere geschrieben, gekauft und gelesen werden.
Der einzige Weg, der wirklich zur Reduktion des Übergewichtes führt, lässt sich in so wenigen Punkten beschreiben, dass man zu deren Aufzählung nicht mehr als die Finger einer Hand benötigt.

1. Generell weniger essen.
2. Einem gut zusammengesetzten, ausgewogenen Speiseplan folgen: Fettes und Süßes vermeiden, stattdessen Obst und Gemüse bevorzugen und immer darauf achten, dass genügend Vitamine und Spurenelemente in den Körper kommen und der Darm mit genügend Ballaststoffen beschäftigt ist.
3. Den Alkohol, der aus der Sicht einer gesunden Ernährung ohnehin eher schädlich als förderlich ist, am besten gleich ganz weglassen oder, falls es nicht möglich ist, ganz mit ihm Schluss zu machen, zumindest nur noch höchst selten mit ihm intim werden.
4. Viel trinken, am besten Wasser und Tee oder Gemüsesäfte, nur eben keine zuckerhaltigen und alkoholischen Getränke; und den Kaffee selbst dann, wenn der Blutdruck nichts dagegen hat, nur mit Vorsicht genießen, weil er die möglicherweise unerwünschte Nebenwirkung hat, den Appetit dermaßen anzuregen, dass es die Übung des Fastens gefährdet oder zumindest unnötig erschwert.
5. Sich körperlich bewegen und Sport treiben, so viel wie möglich.

Diese fünf Punkte sind die Grundpfeiler jeder seriösen Diät. Sie sind das »Geheimrezept«, ohne das niemand sein Übergewicht verliert, und das Interessante ist, dass wir, obwohl wir alle längst wissen, wie wir es machen müssten, trotzdem nach wie vor auf der Suche sind, ob nicht doch noch irgendwo eine noch geheimere und noch unfehlbarer wirkende Methode des Fastens auftaucht wie das Kaninchen aus dem Zylinder des Magiers.

Die tausendundein Diäten, die es gibt, sind nur Variationen dieses einen Grundmusters. Wer meint, er könne abnehmen, ohne weniger zu essen, oder sich in der Illusion sonnt, er könne sich »schlank schlemmen« und den Alkohol weiterhin in rauen Mengen fließen lassen, liegt ebenso falsch wie einer, der meint, auf den Energiegehalt seiner Nahrung käme es nicht an und es »bringe doch nichts«, beim Einkauf darauf zu achten, ob der Joghurt 1 Prozent oder 3,6 Prozent Fettgehalt hat. Um die Grundgegebenheiten, die es überhaupt erst ermöglichen, dass Fasten erfolgreich sein kann, kommt keine auch noch so fantasievoll ausgetüftelte Diät herum.

Es ist vielleicht nicht verkehrt, an dieser Stelle einen Seitenblick zum Spirituellen hin zu wagen. Mit der Frage: »Wie bete ich richtig?« verhält es sich im Grunde ähnlich wie mit der Frage nach der richtigen Diät. Obwohl jeder weiß, wie man beten soll, und zumindest jeder Christ auch die Worte kennt, mit denen Jesus das Beten gelehrt hat, muss trotzdem jeder seinen eigenen Weg finden. Es gibt ganze Bibliotheken mit Gebetslehrbüchern. Jahr für Jahr erscheinen neue Bücher über das Beten und je mehr man sich in sie vertieft, umso mehr könnte man meinen, Beten sei etwas ungemein Kompliziertes.

In Wirklichkeit aber ist Beten kinderleicht. So leicht, dass es jeder versteht – nicht nur die Weisen und Klugen, sondern auch und gerade die Kleinen und Unmündigen, meinte Jesus. Man braucht nur »Abba« zu Gott zu sagen, sonst gar nichts. Johannes Scheffler (1624–1677), ein Mystiker aus der Barockzeit, der sich als Dichter Angelus Silesius – »schlesischer Bote« – nannte, wusste, wie es ist. Darum hat er seinen Mitmystikern und Mitmystikerinnen zur Vorbeugung gegen spirituellen Hochmut ins Stammbuch gereimt: »Wie allgemein ist Gott! Er hat der Bauernmagd / die Kunst, wie man ihn küsst, so wohl als dir gesagt!«

Thema mit Variationen

Diäten sind wie Musikstücke, die ein Grundthema in einer schier unendlichen Vielfalt variieren können, und es steht ganz in unserem Belieben, wie wir mit ihnen umgehen. Wer edle Einfalt und stille Größe bevorzugt, wird ebenso auf seine Rechnung kommen wie einer, der das Exotische und Raffinierte liebt.

Wie eine Diät im Einzelnen aussieht, ist von den Faktoren Fantasie und Kreativität abhängig. So, wie es einen Unterschied macht, ob ein Koch am Herd steht, der sein Handwerk versteht und ein wohlschmeckendes Mahl bereitet, oder ob ein minder begabter Möchtegernkoch aus ein und denselben Zutaten eine fade schmeckende Pappe zusammenmantscht.

Ich kann eine Diät als eine Art Dienstanweisung betrachten, die ich wie einen militärischen Tagesbefehl ohne Wenn und Aber zu befolgen habe; ich kann eine Diätempfehlung aber auch als einen Vorschlag betrachten, der mich auf *eigene* Ideen bringt. Ich kann Diäten wie Speisekarten lesen, aus denen ich auswähle, was mir am meisten zusagt; ich kann sie aber auch wie Kochbücher lesen, deren Rezepte ich nachkochen darf, ohne mich sklavisch daran zu halten, und die ich mit eigenen Zutaten bereichere. Abstürze und misslungene Experimente sind dabei

ebenso die Regel, wie Höhenflüge und Supererfolge keine Ausnahmen bleiben müssen.
Wie ein guter Prediger den Gläubigen immer von neuem sagt, was im Evangelium steht, obwohl ohnehin jeder weiß, was im Evangelium steht, sagen uns die Ernährungsexperten immer von neuem, worauf es ankommt. Auch wenn wir grundsätzlich wissen, wie der Hase läuft, benötigen wir immer wieder Verdeutlichungen und Konkretisierungen dessen, was wir im Prinzip ohnehin schon wissen. Zum Beispiel, dass wir »Killerfette« wie Schweineschmalz und Butter (oder auch harte Backmargarine sowie andere *gesättigte* Fettsäuren, die die unangenehme Eigenschaft haben, die Arterien zu verstopfen) möglichst meiden sollten und es sich empfiehlt, auch unter den *pflanzlichen* Fetten recht wählerisch zu sein. Statt dem nur in Maßen gesundheitsfördernden Sonnenblumenöl unsere Gunst zu schenken (oder dem Maiskeimöl, das ebenfalls zu viele »Omega-6-Fettsäuren« enthält), sollten wir lieber dem »flüssigen Gold« der Mittelmeerländer den Vorzug geben, also dem guten alten Olivenöl, allerdings nur dem kalt gepressten und »nativen« (das naturgemäß teurer ist und den Geldbeutel umso mehr belastet, als es die Blutgefäße erfreut) – und wir sollten auch nicht die Nüsse verachten, die wir wegen ihrer vielen Kalorien zwar *mit Vorsicht*, wegen der Omega-3-Fettsäuren, die vor dem Herzinfarkt schützen, aber *umso lieber* genießen dürfen.

Mündigkeit ist aller Tugend Anfang

Wer eine Autorität braucht, die ihm sagt, wo es langgeht und was gut und was böse ist, der wird Autoritäten finden, denen er blind vertrauen kann – und von denen er sich vielleicht früher oder später wieder abwenden wird. Wer keine Angst hat, sich auf das Abenteuer der Mündigkeit einzulassen, wird gleich von vornherein damit rechnen, dass es im Endeffekt auf ihn selbst ankommt zu entscheiden, wem er glaubt und wem nicht.

Was für alle Glaubenslehren gilt, gilt auch für die Lehren der Gesundheitsapostel. So gut wie für jedes Dogma der gesunden Ernährung gibt es ein ketzerisches Gegendogma, das das glatte Gegenteil als absolute Wahrheit verkündet. Die einen sagen zum Beispiel, Cholesterin solle man meiden wie der Teufel das Weihwasser, und die anderen sagen, diese Hysterie um das Cholesterin sei hochgradiger Unsinn, denn die Studien, die die gegnerischen Thesen zu beweisen scheinen, seien nur wenig aussagekräftig und müssten ganz anders interpretiert werden.

Oder nehmen wir den so oft verteufelten Alkohol. Die einen sagen, der Schaden, den er anrichtet, sei in jedem Fall ungleich größer als der mögliche Nutzen, und wegen der Suchtgefahr und den zu wehrenden Anfängen sollten wir uns lieber mit einem Spruch wie diesem Mut machen: »Wir fühlen uns auch wohl / ohne Alkohol!«

Andere Experten hingegen empfehlen den regelmäßigen Genuss eines Gläschen Rotweins und verweisen auf Langzeitstudien, denen zufolge totale Abstinenzler in puncto Herzinfarkt gefährdeter seien als die Trinker, machen allerdings – seriös, wie sie sind – gleichzeitig darauf aufmerksam, das der offensichtliche Schutz, der vom Rotwein ausgeht, an die *Menge* gekoppelt ist, die man trinkt, und dass die Gefährdungskurve gleich wieder rasant ansteigt, wenn einer mehr als ein Gläschen trinkt. Es ist also nichts mit der schönen Säuferlogik: »Ein Gläschen ist gesund, wie doppelt gesund müssen dann erst zwei Gläschen sein!«

Angesichts solcher widersprüchlicher Meldungen stellt sich

wieder die Frage nach der Mündigkeit. Für welchen Weg entscheide ich mich? Welche Gefahren möchte ich unbedingt vermeiden? Welches Risiko gehe ich ein? Wo muss ich einen Kompromiss schließen und etwas tun, was mir zwar auf der einen Seite gut tut, auf der anderen Seite aber einem schlimmeren Übel Vorschub leistet?
Die Entscheidungen, die hier zu treffen sind, kann niemand anderer für mich treffen. Und damit fängt das grundsätzlich bereits gelöste Problem wieder an, zur schier unlösbaren Frage zu werden: Wie stelle ich es an, die *eine* richtige Diät zu *meiner* Diät, zu der für *mich* richtigen Diät zu machen?
Der Blick auf die Erfahrungen anderer ist hilfreich, aber ich kann deren Beispiel nicht einfach nachahmen, sondern muss meinen eigenen Weg finden. Ganz so wie jener Rabbi Sussja, von dem Martin Buber (1878–1965) in den »Geschichten der Chassidim« erzählt. Er hat begriffen, dass man ihn in der kommenden Welt nicht fragen wird, warum er nicht Moses oder Elija oder sonst einer der Propheten gewesen sei, sondern dass man ihm einfach die Frage stellen wird: »Warum bist du nicht Sussja gewesen?«

2. Die Sache mit dem Teppich

Ich persönlich hänge es nicht gern an die große Glocke, wenn ich mich wieder einmal entschlossen habe, mit einer Diät anzufangen. Schon um die Peinlichkeit zu vermeiden, dass dann auch der Schiffbruch, den ich möglicherweise erleide, an der großen Glocke hängt und ein Chor von Spottdrosseln mit Recht einen von Lk 14,30 inspirierten Song anstimmen könnte: »Dieser Mann wollte hoch hinaus mit seiner Diät, aber seht nur: Nicht *er*, sondern nur das Ergebnis seines Bemühens ist mager!« Andererseits gibt es jedoch im Fall eines *erfolgreichen* Fastens, wenn also das Ergebnis meines Bemühens bereits nach außen hin zu sehen ist, kaum noch eine Chance, das Gute zu tun und nicht darüber zu reden – soll heißen: eine Informationssperre durchzuhalten und weiterhin bloß im stillen Kämmerlein zu fasten.

In einer solchen Situation, als sich in meinem Bekanntenkreis herumgesprochen hatte, ich hätte wieder einmal ernst gemacht mit dem Fasten und mein Übergewicht bereits um drei oder vier Kilo vermindert, bekam ich eine E-Mail, in der mir eine gute Bekannte brühwarm berichtete, was sie in einer Fernsehsendung gesehen hatte.

Fasten leicht gemacht

»Apropos Fasten: Gestern habe ich zufällig eine Talkshow gesehen, allerdings mit einer halbstündigen Verspätung. Es ging um verschiedene Diäten: Trennkost, Diät auf bestimmte Blutgruppen zugeschnitten. Von so etwas hatte ich bisher noch nie gehört.

Zum Schluss kam eine Frau, die einen Magengürtel hatte. Nach Ansicht der anwesenden Ärzte wäre das die einzig sichere und dauerhafte Methode, um Kilos zu verlieren. Ein solcher Eingriff würde aber nur in ganz extremen, hoffnungslosen Fällen durchgeführt. Die Vorzeigedame hatte 130 Kilo. Mit dem Band wurde ihr der Magen kleiner gemacht, so dass er schon bei sechs Pommes frites streikt.

Die meisten Ärzte meinten, *anhaltende* Erfolge seien bei all diesen Kuren so gut wie ausgeschlossen. Man hätte zum Beispiel gemeint, eine Fettzelle würde nach zehn Jahren vergessen, wer sie sei. Heute weiß man aber, dass dem nicht so ist und dass sie auch *nach* diesem Zeitraum trotz oder gerade wegen der Diäten weiterhin Fett speichern würde.
Wegen der spektakulären Erfolgschancen, die einige der anwesenden Personen der Trennkost einräumten, meldeten sich über 22 000 Anrufer in der Sendung, um sich einer solchen Kur zu unterziehen. Ein Arzt meinte, es könne ja in dem einen oder andern Fall ein Erfolg eintreten, aber *das* Hilfsmittel gegen zu viel Rundung sei sie nicht. – Also lass Dir's schmecken!«

Das Schlaraffenland ruft

Wäre Fasten nicht so schwer, würden Methoden, die versprechen, das Fasten leichter zu machen, kaum solchen Anklang finden. Die Nachricht vom Gürtel im Magen, der die Nahrungszufuhr dermaßen drosselt, dass eher ein Kamel durch ein Nadelöhr geht als dass mehr als ein Fingerhut voll Nahrungsnachschub ins Reich der Verdauung gelangt, brachte mich auf die gegenteilige Idee.
Wie wär's, wenn sich die Herren Ingenieure einmal zu dem Versuch hinreißen ließen, die von der Natur vorgegebene, reichlich beschränkte Kapazität des Magens zu *erweitern*! Und zwar so sehr zu erweitern, dass wir wirklich einmal – wenigstens *einmal* im Leben – imstande wären, alles zu essen, was wir möchten, aber leider nicht können, weil »die Augen wieder einmal größer waren als der Magen«, wie wir als Kinder oft zu hören bekamen.
Im Schlaraffenland müsste man sein – an jenem utopischen Ort,

wo die gebratenen Tauben sehnsüchtig darauf warten, dem staunenden Gourmet in den offenen Mund fliegen zu dürfen. Immer wieder haben Dichter verschiedener Zeiten – von Lukian von Samosata (120–180) bis zu den Gebrüdern Grimm (Jacob Grimm, 1785–1863, und Wilhelm Grimm, 1786–1859) – dieses Paradies kulinarischer Wonnen, dieses Elysium oraler Bedürfnisbefriedigung, dieses Mekka des Gaumenkitzels, wo die Mutter aller Ess-Schlachten geschlagen wird, fantasievoll beschrieben. In der Version von Hans Sachs (1494–1576) hat das Land, in welchem die »Sluraffen« – die Schlemmer und Faulenzer – wohnen und ihre nie enden wollenden Fress-Orgien feiern, den Charme eines altdeutschen Disneylands.

Eine Gegend heißt Schlaraffenland,
den faulen Leuten wohl bekannt;
die liegt drei Meilen hinter Weihnachten.
Ein Mensch, der dahinein will trachten,
muss sich des großen Dings vermessen
und durch einen Berg von Hirsebrei essen,
der ist wohl dreier Meilen dick.
Alsdann ist er im Augenblick
im selbigen Schlaraffenland,
da hat er Speis und Trank zur Hand.
Da sind die Häuser gedeckt mit Fladen,
mit Lebkuchen Tür und Fensterladen.
Um jedes Haus geht rings ein Zaun,
geflochten aus Bratwürsten braun.
Vom besten Weine sind die Bronnen,
kommen einem selbst ins Maul geronnen.
An den Tannen hängen süße Krapfen

wie hierzulande die Tannenzapfen.
Auf Weidenbäumen Semmeln stehn,
unten Bäche von Milch hergehn;
in diese fallen sie hinab,
dass jedermann zu essen hab.
Auch schwimmen Fische in den Lachen,
gesotten, gebraten, gesalzen, gebacken,
die gehen bei dem Gestad so nahe,
dass man sie mit den Händen fahe.
Auch fliegen um, das mögt ihr glauben,
gebratene Hühner, Gäns' und Tauben;
wer sie nicht fängt und ist so faul,
dem fliegen sie selbst in das Maul.

(Hans Sachs)

Eines steht fest: Mit einem normalen menschlichen Magen ist hier nicht gut Kirschen essen. Schon die Aufnahmeprüfung wäre ein Fiasko. Wer könnte es wagen, sich kopfüber ins Fettnäpfchen zu stürzen und wie die Made im Speck mit Mund und Zähnen einen drei Meilen langen Tunnel vor sich her zu baggern, solange nicht die simple Frage geklärt ist: Wohin mit dem vielen Hirsebrei?

Nur ein technisch aufgeblähter Wundermagen würde es erlauben, sich ungehemmt satt zu essen. Aber was heißt satt! Das Ziel eines so hemmungslosen Esswunsches ist doch gar nicht die Sättigung eines realen Bedürfnisses; vielmehr ginge es darum, dem Augenblick des Genießens Ewigkeit zu verleihen. »Denn alle Lust will Ewigkeit«, wie Friedrich Nietzsche (1844–1900) gesagt hat, »will tiefe, tiefe Ewigkeit.«

Wenn *alle* Lust Ewigkeit will, dann auch und gerade die Esslust. Gegessen soll nur um des Essens willen werden, unermüdlich und ohne Ende. Mit anderen Worten: Das Schlaraffenland ist nichts anderes als das Projektionsbild eines illusionären Wunschtraums.

Das, wonach wir uns sehnen, gibt es nicht und kann es gar nicht geben; aber weil wir uns so sehr danach sehnen, wünschen wir uns umso beharrlicher einen Ort, wo unsere unersättlichen Wünsche befriedigt werden können. Nur schade, dass wir nicht mehr in den Zeiten leben, da das Wünschen noch geholfen hat.

Schlange müsste man sein

Wieso um alles in der Welt ist denn überhaupt dieser absurde Wunsch, hemmungslos schlemmen zu können, in uns? Welche böse Fee hat uns eingehämmert, dass es so wahnsinnig schön wäre, wenn wir so wahnsinnig viel essen könnten?

Es war keine Fee, sondern eine tief sitzende Angst. Als wir Kleinkinder waren, haben wir tatsächlich im Schlaraffenland gelebt. Kaum wurden unsere Wünsche laut, wurden wir schon gestillt. Wir mussten nichts tun außer schlucken. Wir konnten essen und trinken, sooft uns danach war, und es war immer mehr da, als wir brauchten.

Keine Frage: Dieses passive Ernährtwerden war überaus lustvoll. Doch eines Tages wurden wir aus dem Paradies vertrieben. Milch und Honig flossen nicht mehr von selbst. Ambrosia und Nektar versiegten. Auch das Gnadenwunder eines Tischleindeckdich auf der Gralsburg ist nicht mehr das, was es einmal war.

Erwachsen geworden müssen wir selbst dafür sorgen, dass wir etwas in den Bauch bekommen, und das ist hart. Außerdem besteht die Gefahr, dass nicht genug da ist. Die Ernährung ist von einer lustvollen Freizeitgestaltung zu einer Arbeit geworden. Wir müssen uns unser tägliches Brot im Schweiße unseres Angesichtes erwerben. Oder wir müssen uns irgendwelche Ersatzmütter suchen, die unsere Versorgung sichern, indem wir uns zum Beispiel an Institutionen ausliefern und uns von ihnen abhängig machen, uns zu öffentlichen Futtertrögen begeben und mit anderen rangeln usw. Aber das alles ist so anstrengend und so mühsam. Wie schön wäre es, wenn es auch anders ginge! O selig, o selig, ein Kind noch zu sein oder wieder eines zu werden! Oder wäre es besser, wir würden uns sagen: »Machen wir's den Schlangen nach«?

Schlangen haben es besser als wir. Erstens können sie ein Vielfaches ihres Körpergewichts hinunterstopfen – weit mehr als die professionellen Wettfresser im Japanischen Fernsehen oder die ebenfalls gut trainierten Amateure bei bayerischen Knödelvertilgungswettbewerben, die ebenfalls in rasantem Tempo Unmengen in den Magen schaufeln können. Und zweitens sind Schlangen auch im *Fasten* unschlagbar.

Der Dichter des »Kleinen Prinzen«, Antoine de Saint-Exupéry, hat im zarten Kindesalter eine Zeichnung gemacht, auf der zu sehen ist, wie eine Boa einen Elefanten verschlingt. Das Meisterwerk wurde von den Erwachsenen allerdings für die Darstellung eines Huts gehalten. Worauf sich der kleine Antoine zu einer Neufassung seiner Zeichnung hinreißen ließ und »den großen Leuten, die ja immer Erklärungen brauchen« das Innere der Boa zeigte. Schlangen sind also Weltmeister im Fressen. Sie sind aber auch Weltmeister im Fasten. Der anonyme Autor des »Physiologus« (um 250), eines Bestsellers der fruhchristlichen Literatur, in welchem Naturkunde, mythologische Vorstellungen von den Tieren und christliche Weltanschauung auf das kurioseste miteinander vermischt sind, wusste seinen Lesern, die mit dem griechisch-römischen Bildungsgut vertraut, aber auch schon christlich erzogen und bibelfest waren, eine höchst seltsame Eigenart jenes Kriechtiers zu berichten, von dem schon in der Bibel gesagt wird, dass es klüger sei als alle Tiere des Feldes (vgl. Gen 3,1).

»Wenn die Schlange alt wird, lässt die Kraft ihrer Augen nach und sie sieht schlecht. Und wenn sie sich verjüngen will, lebt sie asketisch und *fastet* 40 Tage und 40 Nächte, bis ihre Haut faltig wird. Und sie sucht einen Felsen mit einer engen Spalte. Dort kriecht sie hinein und reibt ihren Leib. So wirft sie die alte Haut ab und wird wieder jung. Auf diese Weise sollst auch du, o Mensch, wenn du das Greisenalter des Kosmos ablegen willst, durch den engen und mühsamen Weg, nämlich durch Fasten, deinen Körper zum Schwinden bringen, denn die Pforte ist eng und der Weg ist schmal, der zum ewigen Leben führt.«

Freilich haben beide übertrieben, wenn auch aus unterschiedlichen Gründen: der französische Dichter und Flieger in liebevoller Selbstironie und der Autor des »Physiologus«, weil er keine präziseren Informationen hatte. Aber die naturwissenschaftlich gesicherte Wahrheit ist auch noch eindrucksvoll genug.

Pythons beispielsweise verspeisen pro Mahlzeit etwa die Hälfte ihres eigenen Körpergewichts. In Extremfällen schaffen sie immerhin das Eineinhalbfache ihres Körpergewichts und verdauen das Verschlungene innerhalb weniger Tage. Da sie nur unregelmäßig Beute machen, sind ihre seltenen Mahlzeiten dann umso üppiger.

Eine Schlange müsste man also sein, weil Schlangen hemmungslos hinunterschlingen können, was sie erwischen, ohne Schlimmeres befürchten zu müssen, als eine Zeit lang mit dem Verdauen beschäftigt zu sein und nach dem Verdauen wieder so schlank zu werden wie vor der letzten Mahlzeit.

Sage mir, was für Wünsche du hast ...

Wir sind aber keine Schlangen, wir sind Menschen und darum müssen wir mit *unseren* Methoden an das Fasten herangehen. Illusionäre Wunschträume helfen nicht weiter. Im Gegenteil, sie hemmen uns, wenn wir sie nicht durchschauen oder wenn wir gar nicht merken, dass wir sie in uns haben.

Die frühkindlichen Prägungen zeigen auch beim Erwachsenen immer noch Wirkung. Sie sind es, die uns das Fasten so schwer machen.

Besonders grotesk mutet es an, wenn wir den kindischen Wunschtraum vom Schlaraffenland in Sachen Fasten wiederholen. Wir sonnen uns heimlich in der Vorstellung, wie schön es doch wäre, wenn das unnötige Fett einfach von uns davonfliegen könnte wie eine gebratene Taube!

Wir sehen zwar ein, dass es notwendig ist, unser Übergewicht zu verlieren, aber wir sehen uns gleichzeitig nach Auswegen um, die uns das Fasten ersparen. Wir hätten nichts dagegen, ein bisschen abzunehmen, aber muss das unbedingt mit etwas so Beschwerlichem wie Weniger-Essen verbunden sein?

Gäbe es nicht diese geheime Sehnsucht im Menschen, auch *ohne* zu fasten der Segnungen des Fastens teilhaftig zu werden, dann hätten gewisse Inserate keinen Erfolg – außer vielleicht einen herzhaften Lacherfolg.

Sage mir, was für Wünsche du hast, und ich sage dir, wer du bist – kann man da nur sagen.

Wer *erfolgreich* fasten will, wird nicht umhinkönnen, für sich selbst so elementare Fragen wie diese zu klären: Von welchen Wünschen werde ich getrieben? Wonach strebe ich? Welche Bedürfnisse habe ich? Was brauche ich wirklich? Womit gebe ich mich zufrieden?

Ein Flüchtling vermisst den Komfort

»Glücklich sein ist nichts anderes als bedürfnislos sein«, schreibt Augustinus in seiner Abhandlung »Vom seligen Leben«. Insofern ist das Unglücklichsein sehr leicht zu programmieren: Man muss nur anspruchsvoll genug und darf mit nichts zufrieden sein.

Als im Oktober 1956 in der ungarischen Hauptstadt ein Aufstand ausbrach, der von sowjetischen Truppen blutig niedergeschlagen wurde, kamen Zehntausende von Ungarn als Flüchtlinge über die Grenze nach Österreich. Diese Situation wurde zur ersten großen Bewährungsprobe des nach dem Zweiten Weltkrieg neu erstandenen, neutralen Landes im Herzen Europas. Eine riesige Schar von Frauen, Männern und Kindern musste aufgenommen, versorgt und zumindest notdürftig untergebracht werden.

Die Helfer der Caritas taten, was sie konnten. Zaubern konnten sie freilich nicht. Aber die meisten Menschen waren ohnehin froh und dankbar, im »freien Westen« zu sein, und gaben sich mit dem zufrieden, was sie bekamen. Einige waren freilich sogar in dieser Situation unzufrieden und hatten an dem und jenem herumzunörgeln.

Besonders kurios war ein Fall, der dem Wiener Caritaspräsidenten ewig unvergesslich blieb. Einen älteren Herrn, von dem man schon im Vorhinein wusste, dass er ein schwieriger Mensch war und dass es mit ihm nicht leicht sein würde, hatte man besonders zuvorkommend und bevorzugt behandelt. Die Helfer hatten sich bemüht, ihm nicht einfach das nächstbeste Quartier zuzuweisen – das oft genug nichts weiter war als ein Notbett in einer Baracke oder in einem zur Herberge umfunktionierten Turnsaal –, sondern sie hatten ihn im Fremdenzimmer eines Gasthofes untergebracht, wo es nicht nur ein Bett und eine Waschgelegenheit mit Fließwasser gab, sondern auch einen Tisch, einen Stuhl und ein paar Bilder an der Wand.

Genau dieser Mann, von dem man es am allerwenigsten erwartet hätte, kam zu den Verantwortlichen der Flüchtlingshilfe, um sich zu beschweren. Niemand konnte sich denken, worüber. Die Leute von der Caritas trauten ihren Ohren nicht, als der für die damaligen Verhältnisse geradezu luxuriös untergebrachte Flüchtling bitterböse, aber in tadellosem Deutsch und mit starkem ungarischen Akzent seine Beschwerde vorbrachte: »Bitte schön, in meinem Zimmer ist nicht einmal ein Teppich!«

»Die Menschen sind eben verschieden.« Mit diesem ebenso nüchternen wie realistischen Kommentar pflegte Prälat Leopold Ungar (1913–1992), der langjährige Wiener Caritaspräsident, zu enden, sooft er diese Episode erzählte.

Marcuse liest in der Bibel

Der Mensch der Konsumgesellschaft hat gelernt, Quantität mit Qualität zu verwechseln. Seine Grundhaltung ist eine nicht erlahmende Gier, eine grundsätzliche Unersättlichkeit, ein beharrliches »Nie-genug-kriegen-Können«. So lautete die Diagnose des Psychoanalytikers Erich Fromm (1900–1980), der einem seiner wegweisenden Bücher den Titel gab: »Haben oder Sein«.

Auch Herbert Marcuse (1898–1979) sah es ähnlich. Der Soziologe und Philosoph, der mit seinen kritischen Thesen zu einer der Leitfiguren der Studentenbewegung von 1968 wurde, sprach in einem Vortrag bei den »Salzburger Humanismusgesprächen« vom Verschwinden der Freude und der Genussfähigkeit des modernen Menschen. Er warnte vor den negativen Folgen, die es hat, wenn der Mensch glaubt, dass er sich alles kaufen kann. Dabei kam er überraschenderweise auf die Bibel zu sprechen:

> *Ich weiß nicht, ob das, was ich jetzt sage, auch für Europa gilt. Auf jeden Fall in den Vereinigten Staaten kann man die Beobachtung machen, dass sehr viele Männer mehr an einem Sportwagen als an einem Mädchen interessiert sind. Nun, das mag für einen bestimmten Standpunkt sehr moralisch klingen, ich glaube, es ist das Unmoralischste, was es gibt. Nämlich das Interesse am Unlebendigen im Gegensatz zum Leben. Und ich glaube, dass der Stolz auf die nuklearen Waffen zum Teil zu tun hat mit dieser Bewunderung für das rein Mechanische und einem abnehmenden Interesse für alles das, was lebendig ist.*

> *Es geht so weit, dass heute vielfach die Menschen glauben, dass man überhaupt nichts genießen kann, wozu man nicht etwas kaufen muss; dass einfach zu sitzen oder zu gehen und in dieser Weise das Leben voll zu genießen gar nicht möglich ist, denn wenn man nichts kaufen kann, dann gibt es auch keine Freude.*
> *Der Begriff der Freude ist allerdings in unserem Vokabular schon ziemlich im Verschwinden begriffen, denn Freude existiert ja im Konsumerleben nicht.*

Vielleicht darf ich einen Satz aus dem Alten Testament zitieren, wo die Sünden der Hebräer aufgezählt werden und als Resümee der schwersten Sünde gesagt wird: »weil ihr keine Freude gehabt habt in der Mitte des Überflusses«.
Es ist gar nicht leicht zu verstehen, wie das schon damals gesagt werden konnte, aber ich glaube, wenn man von einem religiösen Standpunkt die moderne Gesellschaft anklagen würde, dann könnte man diesen Satz ganz genau so wiederholen.

(Herbert Marcuse)

Wer sein Leben versäumt

»Reich ist, wer weiß, dass er genug hat«, wusste schon Lao Tse (um 300 v. Chr.), der chinesische Weise. Die Angst vor dem Fasten ist die Angst, etwas zu versäumen. Angesichts so vieler gestrichener Genüsse, eingesparter Kalorien und der alles andere als erhebenden Aussicht auf einen faden und eintönigen Speisezettel stellt sich der fast schon zum Fasten Entschlossene, aber doch noch Zögernde mit Recht die bange Frage: »Versäume ich nicht mein Leben, wenn ich für den Rest meines Lebens auf so viele Dinge verzichte und kein ›Fresser und Säufer‹ mehr sein darf wie alle anderen?«
Mit genauso großem, wenn nicht mit noch größerem Recht müsste er sich freilich fragen: »Versäume ich denn nicht erst recht mein Leben, wenn ich weitermache wie bisher und für den Rest meines Lebens ein ›Fresser und Säufer‹ bleibe wie bis heute?« Ist der vermeintliche Genuss des Lebens nicht eine Zerstörung des Lebens? Wo ist die Grenze zwischen Suche und Sucht? Ab welchem Moment wird die Selbstverwirkli-

chung mit Messer und Gabel zum Selbstmord mit Messer und Gabel?

Es ist nicht verkehrt, sich in diesem Zusammenhang an das berühmte Jesus-Wort zu erinnern: »Was nützt es dem Menschen, wenn er die ganze Welt gewinnt, dabei aber sein Leben einbüßt?« (Mk 8,36).

Was der Mann aus Nazareth im Zusammenhang mit der Notwendigkeit des Kreuztragens gesagt hat, das gilt auch im Zusammenhang mit der Notwendigkeit des Fastens. Dieser paradoxe Gesichtspunkt, dass ein gesteigertes Bemühen, das Leben zu retten, gerade das Gegenteil von dem bewirkt, was es bewirken soll, war Jesus offenbar so wichtig, dass er den Gedanken immer wieder aufgegriffen hat. Zumindest ist dieser Gedanke in den Evangelien an mehreren Stellen und in verschiedenen Zusammenhängen überliefert – nicht nur im Kontext des oft genug als Aufforderung zum Masochismus missverstandenen Wortes vom Kreuztragen.

Im Lukas-Evangelium begegnen wir der Vorstellung, dass Selbstzerstörung gerade durch den Versuch geschieht, Selbstzerstörung zu verhindern, auch in der warnenden Rede von der Endzeit. Jesus erinnert an den biblischen Bericht vom Untergang der Städte Sodom und Gomorra. Weil die Frau des Lot nicht konsequent genug war, sondern sich noch einmal dem zuwandte, von dem sie sich eigentlich abkehren hätte sollen, erstarrte sie zur Salzsäule. Diese Frau wird von Jesus als warnendes Beispiel hingestellt: »Denkt an die Frau des Lot! Wer sein Leben zu bewahren sucht, wird es verlieren; wer es dagegen verliert, wird es gewinnen« (Lk 17,32–33).

Im Übrigen war der Zimmermannssohn, der dafür bekannt war, dass er Fischer, die gerade ihre Netze flickten, vom Fleck weg in

seine Nachfolge rief, auch sonst gegen halbherzige Unternehmungen und ließ provozierende Sprüche wie diesen hören: »Keiner, der die Hand an den Pflug gelegt hat und nochmals zurückblickt, taugt für das Reich Gottes« (Lk 9,62).
Entweder ganz oder gar nicht, war seine Devise. Sein Leben ändern und trotzdem weiterleben wollen wie bisher, das geht nicht. Einen gewaschenen Pelz haben, aber dabei nicht nass gemacht werden wollen, geht ebenso wenig wie fasten und fressen. Niemand kann zwei Herren dienen und neben Gott auch noch dem Mammon oder eben dem Bauch göttliche Reverenz erweisen.
Ein erlöster Nachfolger des Meisters sein zu wollen und als ein so wenig erlöst aussehender Fettsack über die Erde zu wandeln – das ist ein grotesker Widerspruch, welcher nicht erst einem Nietzsche sauer aufstieß. Schon der Bibelübersetzer und Klostervorsteher Hieronymus – beileibe kein Kirchenfeind – mokierte sich mit folgenden Worten darüber: »Ist es nicht beschämend, den gekreuzigten Jesus, den armen, hungernden Meister mit voll gefressenen Leibern zu verkünden, und ist es nicht eine Schande, wenn die Fastenlehre aus feistem Gesicht mit roten Wangen kommt?«

3. Mens sana in corpore sano

Die Ärzte der Antike betrachteten die Heilkunde als eine »Kunst«, die viel mit Weisheit zu tun hat. In ihren Werken spielt die Gesundheit eine genauso große, wenn nicht noch größere Rolle wie die Heilung der Krankheiten.

So schreibt der in Rom wirkende Arzt Galenus (129–199): »Es gibt zwar nur *eine* Wissenschaft vom menschlichen Körper, sie hat aber zwei hervorragende und besondere Teilgebiete, nämlich die Gesundheitspflege und die Heilkunde. Da der Zeit wie der Wertschätzung nach die Gesundheit *vor* der Krankheit kommt, müssen auch wir zuerst darauf schauen, wie man die Gesundheit bewahren kann.« Das Werk, aus dem das Zitat stammt, hat den bezeichnenden Titel »Von der Erhaltung der Gesundheit«.

Die Leibfeinde haben nicht das letzte Wort

Wie wir bereits gesehen haben, ist die mit Recht kritisierte »Leibfeindlichkeit« des Christentums im Grunde gar nichts Christliches, sondern entstammt dem Manichäismus, einer auf den Perser Mani (216–276) zurückgehenden, streng dualistischen Philosophie. Dabei wird die Seele als der eigentliche Teil des Menschen betrachtet, der sich im Körper wie in einem »Gefängnis« befinde und sich von ihm möglichst freimachen soll.
Schon der griechische Philosoph Epikur (341–270 v. Chr.) war der Ansicht, dass sich ein Mann, wenn er weise ist, nicht verlieben sollte und dass die Vereinigung der Geschlechter noch nie etwas Gutes hervorgebracht habe. Vom neuplatonischen Philosophen Plotin (204–270) sagte man: »Er sah aus wie einer, der sich schämte, im Leibe zu sein.«
Leibfeindliche Vorstellungen drangen gewissermaßen als ein Fremdkörper ins Christentum ein, dessen ureigenster Gedanke gerade das Gegenteil von der Flucht aus dem Körper ist: nämlich die Inkarnation – die »Fleischwerdung« des göttlichen Wortes. Trotzdem kann nicht bestritten werden, dass solche dem christlichen Glauben an und für sich wesensfremde Tradi-

tionen in der Kirche nicht nur Asyl bekamen, sondern mit offenen Armen aufgenommen und zeitweise richtiggehend gehätschelt wurden.

Aber wie bereits Tertullian sagte: »Das Fleisch ist der Angelpunkt des Heiles.« Für den christlichen Glauben gehören Heil und Heilung zusammen, wie der Leib und die Seele zusammengehören. Die mittelalterlichen Klöster waren nicht nur Zentren der Seelsorge, sondern auch medizinische Stationen. Neben Taufbrunnen und Beichtstuhl gab es auch einen Garten mit Heilkräutern. Man hatte nicht nur das Seelenheil im Auge, sondern es ging um das Heil des *ganzen* Menschen.

Thomas von Aquin (1225–1274), einer der großen Theologen des christlichen Mittelalters, gab Mönchen oder Nonnen, die von Traurigkeit geplagt wurden – also depressiven Patienten, wie wir heute sagen würden –, einen durchaus vernünftigen, gesunden Rat, wie sie die »Traurigkeit des Herzens« bekämpfen sollten. Er riet ihnen *nicht* als Erstes und Wichtigstes, die Bibel zu lesen und viel zu beten, sondern er empfahl ihnen, zu baden und ausgiebig zu schlafen.

Im Fasten sieht Thomas von Aquin einen großen Wert. Seiner Auffassung nach müsste der Mensch auch dann fasten, wenn es keine kirchlich verordneten Fasttage und Fastenzeiten gäbe. Die Pflicht zu fasten ist für ihn nämlich ein Gebot des *natürlichen* Sittengesetzes, das noch vor jeder religiösen Sinngebung Gültigkeit hat. Aber das Fasten ist kein absoluter Wert. Darum beantwortet der Kirchenlehrer die Frage, »ob der Mensch sündigen könne durch allzu strenges Fasten«, mit einem klaren Ja.

In seiner »Summa theologica« empfiehlt Thomas von Aquin den Kirchenoberen, in der Fastengesetzgebung darauf bedacht zu sein, die Natur des Menschen nicht allzu sehr zu belasten. Auch

von einem strikten Alkoholverbot hielt Thomas von Aquin nicht sehr viel. Dass unmäßiger Alkoholkonsum eine schwere Sünde sei, stand für ihn außer Frage. Aber er fand, dass auch unmäßiger Alkohol*verzicht* eine Sünde sein könne: »Falls sich ein Mensch absichtlich des Weines enthält und dadurch die Natur arg beschweren würde, dann wäre er nicht frei von Schuld.«
Mehr noch: Zu den moraltheologischen Überzeugungen des mittelalterlichen Dominikanermönchs gehörte es auch, dass übertriebenes Fasten verwerflich ist, wenn es dem *Sex* schadet. In den »Quaestiones quodlibetales« des Thomas von Aquin findet sich die Notiz, dass es für den Mann eine Sünde sei, »durch zu strenges Fasten die Geschlechtskraft zu schwächen«.

Gesunder Geist, gesunder Körper

Die alten Griechen kannten das Ideal der »Kalokagathia«. Dieses aus »Schönheit« und »Gutheit« zusammengesetzte griechische Kunstwort kommt beim Geschichtsschreiber Xenophon (ca. 426–355 v. Chr.) vor, der in seiner »Kyropädie« – einem Buch über die Erziehung des Kyros – davon spricht, dass der Mensch danach streben sollte, »schön und gut« zu werden.
Vom Philosophen Platon (427–347 v. Chr.) stammt der Ausspruch: »Man darf die Seele nicht abrichten ohne den Körper, sondern man muss beide führen wie ein Paar Pferde, die an eine Deichsel gespannt sind.« Darum wurde in der Bildung nicht nur Wert auf die Aneignung von *geistigen* Kenntnissen gelegt, sondern auch der *Körper* trainiert. Schon das Wort »Gymnasium« erinnert daran, dass die Schüler in den Schulen nicht nur die Werke der Dichter und Philosophen lasen, Mathematik lernten und sich mit den schönen Künsten befassten, sondern eben auch *Gymnastik* betrieben.

Ein ungebildeter Mensch war in den Augen der Griechen jemand, der »weder lesen noch schwimmen« konnte. Nicht umsonst sind die Griechen die Erfinder der Olympischen Spiele. Wie wichtig diese alle vier Jahre stattfindenden Wettkämpfe genommen wurden, zeigt die Tatsache, dass während der Zeit der Wettkämpfe Waffenruhe herrschte und keine kriegerischen Aktionen erfolgen durften.
Auch in der Kunst strebte man nach dem Ideal der Harmonie von Körper und Geist. Die Skulptur des »Diskuswerfers« ist ein berühmtes Beispiel. Sie drückt genau dieses harmonische Verhältnis zwischen Seele und Körper aus, das der römische Dichter Juvenal (um 60–127) mit der Formulierung »mens sana in corpore sano – ein gesunder Geist in einem gesunden Körper« vor Augen hatte.
Dieses Wort ist meist so verstanden worden, als wäre es gleichsam eine Selbstverständlichkeit oder Naturnotwendigkeit, dass die Gesundheit des Geistes und die Gesundheit des Körpers miteinander harmonieren: dass ein gesunder Körper ein Zeichen dafür ist, dass auch der Geist dieses Menschen gesund ist und umgekehrt.
Auch Sebastian Kneipp (1821–1897) hat das Wort so verstanden und dafür eine recht originelle und durchaus sinnvolle Begründung gegeben: »Mens sana in corpore sano, sagten die Alten. *Ein gesunder Geist kann nur wohnen in einem gesunden Körper.* Man mag hier beherzigen, welchen großen Einfluss das Land auf die Leute, der Palast oder die feuchte, nasse Hütte auf deren Inwohner ausübt. Sollte es bei Leib und Seele anders sein, zumal beide so innig zusammenhängen und zusammen nur *ein Ganzes* bilden?«
Zum besseren Verständnis dessen, was Juvenal eigentlich meint,

muss man allerdings bedenken, in welchem Zusammenhang die Rede vom gesunden Geist im gesunden Körper bei ihm steht. Vollständig gelesen lautet der Vers des römische Dichters nämlich so: »*Orandum est, ut sit* mens sana in corpore sano« (Juvenal, Satiren 10,356). Das heißt, dieser Hexameter sagt nicht, dass es so *ist*, sondern dass es wünschenswert wäre: »*Man soll darum beten*, dass ein gesunder Geist in einem gesunden Körper wohnen möge!«
Auch der Zusammenhang, in dem diese Aufforderung zu einem Fürbittgebet steht, ist höchst aufschlussreich. Er erinnert nämlich an das, was Jesus in der Bergpredigt (Mt 6,31–33) sagt:

> *Macht euch keine Sorgen und fragt nicht: Was sollen wir essen? Was sollen wir trinken? Was sollen wir anziehen? Denn um all das geht es den Heiden.*
> *Euer himmlischer Vater weiß, dass ihr das alles braucht. Euch aber muss es zuerst um sein Reich und um seine Gerechtigkeit gehen; dann wird euch alles andere dazugegeben.*
>
> (Jesus von Nazareth)

Im Sinne einer großen Ökumene der Religionen lässt sich bei all dem Trennenden hier durchaus etwas Verbindendes zwischen dem biblischen Glauben und den mythologischen Vorstellungen der alten Römer feststellen. Jesus fordert zum Vertrauen auf den himmlischen Vater auf, der ohnehin weiß, was seine Kinder brauchen; und der ein paar Jahrzehnte später lebende römische Dichter Decimus Junius Juvenalis – wie Juvenal mit vollem Namen hieß – meint, man solle von den Göttern nichts wünschen und erflehen, denn sie geben ohnehin selber, was für uns das Beste ist. Wenn aber ein Mensch unbedingt um etwas bitten möchte, dann soll er eben um einen gesunden Geist in einem gesunden Körper beten.

Fasten macht Freude

»Ein strenges Leben ist reich an Vergnügungen; das glaubt niemand, außer wer es ausprobiert hat«, sagte Norbert von Xanten (1085–1134), der den Orden der Prämonstratenser gegründet hat. Es wäre vermutlich ein wenig übertrieben, würde man eine solche Erfahrung gleich zum plakativen Werbeslogan »Fasten macht Spaß« vergröbern. Aber »Wer fastet, erlebt innere Freude« wird man wohl sagen dürfen – egal, ob man das religiös motivierte Fasten im Auge hat oder »bloß« das ganz profane Fasten meint, das um der Gesundheit willen geschieht.
Fasten mit zusammengebissenen Zähnen ist nicht das Wahre. Die Haltung heiterer Gelassenheit ist wahrem Fasten viel angemessener. Wahres Fasten hat die Eigenschaft, dass es »den Geist erhebt«, wie es in der Sprache der christlichen Tradition heißt. Nur die Heuchler machen ein »finsteres Gesicht« (Mt 6,16), wenn sie fasten.
Was Jesus auf die Fassadenfrömmigkeit der Pharisäer gemünzt sagte, trifft sich haargenau mit dem, was der Kirchenkritiker Friedrich Nietzsche an den griesgrämig von Gelöstheit und Erlöstheit redenden Jesusnachfolgern zu bemängeln hatte. »Bessere Lieder müssten sie mir singen, dass ich an ihren Erlöser glauben lerne«, lässt er seinen »Zarathustra« sagen: »*Erlöster* müssten mir seine Jünger aussehen!« Und nicht nur das. Nietzsche geht noch einen Schritt weiter. Ein erlöst aussehendes Gesicht allein ist ihm auch noch zu wenig. Nicht nur *ein* gesunder

Körperteil sollte Zeugnis geben von dem gesunden Geist, der in diesem Körper wohnt, sondern *alle* Körperteile; der *ganze* Mensch müsste Gelöstheit und Erlöstheit ausstrahlen.
»Nackt«, heißt es in der Rede Zarathustras, »nackt möchte ich sie sehn! Denn allein die Schönheit sollte Buße predigen. Aber wen überredet wohl diese vermummte Trübsal?«
»Heiteren Herzens« soll der Mensch fasten, betonte auch der Münsteraner Philosoph Josef Pieper (1904–1997) in seiner Studie »Zucht und Maß – Über die vierte Kardinaltugend« (Verlag Jakob Hegner, Leipzig 1939). Der Asket sei stets in Gefahr, seine Selbstlosigkeit zu verlieren, »sich in eine krampfhafte Wichtigtuerei zu verkehren und aus den asketischen Erfolgen die Rente einer soliden Selbstbewunderung zu ziehen«.
Eitelkeit, Sich-selbst-wichtig-Nehmen, ungeduldige Überhebung über die »Unvollkommenen«, die noch nicht so weit sind wie er, sind die Gefährdungen des Asketen. Vor dem Absturz in sie rettet ihn nur eines: die Heiterkeit des Herzens, die auch im berühmten Ausspruch von Papst Johannes XXIII. (1881–1963) zum Ausdruck kommt: »Giovanni, nimm dich nicht so wichtig!«
Die Heiterkeit des Herzens – sagt Josef Pieper – »ist das Siegel der Selbstlosigkeit. An diesem Siegel erkennt man mit Gewissheit, dass Heuchelei und jegliche Krampfhaftigkeit des Hinblickens auf sich selbst ferne sind. Heiterkeit des Herzens ist das untrügliche Merkmal, in dem die innere Echtheit der Zucht als *selbstlose* Selbstbewahrung sich offenbart.«
Natürlich hat das christliche Abendland diese Dinge keineswegs für sich gepachtet. Heitere Gelassenheit ist auch die Grundhaltung der fernöstlichen Spiritualität. Nicht von ungefähr zeigen buddhistische Skulpturen den Buddha als *lächelnden* Buddha;

und nicht von ungefähr erschien China den Menschen des Westens von alters her als das »Land des Lächelns«.

Die chinesischen Meister der Meditation waren – wie Nietzsche und Jesus oder Johannes XXIII. – ebenfalls davon überzeugt, dass es nichts nützt, wenn einer griesgrämig fordert, man müsse heiter und gelassen sein, bei ihm aber selbst von der Haltung heiterer Gelassenheit nichts nach außen hin sichtbar wird. Und sie wussten auch, dass es nichts nützt, wenn einer die Gelassenheit *außerhalb* von sich sucht und nicht weiß, dass er sie nur finden kann, wenn sie in ihm ist. »Wer nicht verstehen kann, dass eben in seinem eigenen Herzen Buddha ist, gleicht einem, der auf einem Esel sitzend den Esel sucht«, sagte Dau Xüen (um 1000 n. Chr.).

Nicht nur christlich oder buddhistisch geprägte Dichter und Denker sind sich in diesem Punkt völlig einig. Auch solche, die nicht explizit religiös an die Dinge herangehen, haben die Haltung heiterer Gelassenheit auf ihre Weise gepredigt.

»Lebe unernst!«, war das weise und keineswegs unernst gemeinte Lebensmotto des österreichischen Schriftstellers Egon Friedell (1878–1938). Und der alte, längst erblindete argentinische Dichter Jorge Luis Borges (1899–1986) predigte die heitere Gelassenheit am Ende seines Lebens als eine Abkehr vom tierischen Ernst des Perfektionismus: »Wenn ich mein Leben noch einmal leben könnte, im nächsten Leben würde ich versuchen, mehr Fehler zu machen. Ich würde nicht so perfekt sein wollen, ich würde mich mehr entspannen. Ich würde ein bisschen verrückter sein, als ich es gewesen bin, ich würde viel weniger Dinge so ernst nehmen.«

Viele Menschen verwerfen alles Fasten, aber darum ist es noch nicht verworfen. Man verwirft gar leicht, was man nicht mag, und Missbrauch hängt sich allenthalben an. Immer mäßig sein, sagen sie, ist besser als bisweilen fasten. Das mag wohl wahr sein. Da aber die meisten Menschen nicht immer mäßig sind, so ist es doch nicht übel, bisweilen sehen zu lassen, wer Herr im Hause ist.

Matthias Claudius (1740–1815)